中國學術思想 研究輯刊

十四編

林慶彰 主編

第 23 冊

「樂」的智慧
——王陽明「樂」思想研究

蕭裕民 著

花木蘭文化出版社

國家圖書館出版品預行編目資料

「樂」的智慧——王陽明「樂」思想研究／蕭裕民 著 -- 初版
-- 新北市：花木蘭文化出版社，2012〔民101〕

目 2+146 面：19×26 公分

（中國學術思想研究輯刊 十四編：第 23 冊）

ISBN：978-986-322-033-6（精裝）

1.（明）王守仁 2.學術思想 3.陽明學

030.8   101015389

ISBN-978-986-322-033-6

中國學術思想研究輯刊
十四編　第二三冊   ISBN：978-986-322-033-6

「樂」的智慧——王陽明「樂」思想研究

作　　者　蕭裕民
主　　編　林慶彰
總 編 輯　杜潔祥
出　　版　花木蘭文化出版社
發 行 所　花木蘭文化出版社
發 行 人　高小娟
聯絡地址　新北市永和區中正路五九五號七樓
　　　　　電話：02-2923-1455／傳眞：02-2923-1452
網　　址　http://www.huamulan.tw 信箱 sut81518@gmail.com
印　　刷　普羅文化出版廣告事業
封面設計　劉開工作室
初　　版　2012 年 9 月
定　　價　十四編 34 冊（精裝）新台幣 56,000 元

「樂」的智慧
——王陽明「樂」思想研究

蕭裕民　著

作者簡介

蕭裕民，清華大學電機系學士、中央大學太空科學研究所碩士、清華大學中國文學研究所碩士、博士。現為政治大學中文系助理教授。著作有〈《莊子》論「樂」──兼論與「逍遙」之關係〉、〈論《莊子》的「德」字意涵──個別殊異性〉、〈王陽明思想中的喜怒哀樂發與未發論題〉、〈〈聲無哀樂論〉繼承傳統之下的轉變及其在思想史上的意義〉等論文多篇。

提　　要

　　「樂」是思想哲學上的重要問題。在宋明儒學中，「樂」亦是一個重要的論題。相對於中國的其他時期而言，關於「樂」的論題在宋明時期是顯得突出的。而王陽明則是不僅在理論上，使此屬於情而原本多半與「性」相對立的「樂」之地位有所提升，在「樂」思想的發展以及在思想史上是重要的轉折，亦對其後的思想哲學有廣泛的影響。本書循陽明論「樂」的文獻，將陽明所指稱的「樂」，在其甚為清楚的體用體系下，較確切的區分為本體層的本體真樂，發用層的心安之樂，以及發用層的七情之樂三種來討論，並在配合陽明思想的整體理解下，說明其相互間密切的關係，以及三者其實都與致良知一致，與成為聖人之學不二。並略述陽明其實是處在一個所謂的發用層逐漸受到重視與肯定的大潮流中，陽明將之明確的提出，而成為思想史發展過程中重要的里程碑。

目次

第一章　緒　論

第一節　樂問題的提出

　　「葉公問孔子於子路，子路不對，子曰：『女奚不曰：其為人也，發憤忘食，樂以忘憂，不知老之將至云爾！』」（《論語》・〈述而〉）。孔子與《論語》一書，可算是影響中國文化最深遠的思想家與書，在《論語》中，樂，是孔子對自己的描述之一。孔子，是樂的。然而，綜觀中國思想文化中的各種文學作品，卻給人憂多樂少的感覺，各種思想哲學論述，也多談禮、談社會、談家國、談成聖成賢、談天道性命，卻似乎少談樂，其原因何在呢？韓愈認為：「讙愉之辭難工，而窮苦之言易好也。是故文章之作，恆發於羈旅草野〔註1〕。」歐陽脩也說，「蓋世所傳詩者，多出於古窮人之辭也〔註2〕。」這是就將心境筆之於書的文學作品而言。但是，在思想論述上，是否也可如此理解呢？如果一個問題或觀念被認為是重要的，或是被重視的話，它在思想史上應該有一個相當的位置，而不是隱而不顯。那麼，「樂」在思想史上算不算是一個淹沒在憂國憂民、成聖成賢論述中之隱而不顯的問題？或者，其實是一個沒有被現代研究者所留意到的重要問題？

　　就人生而言，人生在世，苦樂相較之下，趨樂避苦是人之所願，這個前提是大家所同意的。然而，世上仍然有些被人選擇的追尋目標並不一定是樂的，或者，是當事人以外的旁人看起來不認為它是樂的。如此不免令人產生

〔註1〕　馬其昶校注《昌黎文集校注》卷4，頁262，〈荊潭唱和詩序〉，上海古籍，1998。
〔註2〕　《歐陽修全集》頁295，《居士集》卷42〈梅聖俞詩集序〉，中國書店，1998。

疑惑，既然樂是人之所願，若活著不快樂，或是，不是追尋快樂，則那些追尋的用意與意義何在？擴大的來說，「樂」與人世間種種追尋的關係又是如何？如果人希望得到快樂，又應如何得到？以哲學作爲思索人在世界上之種種的一門學科，特別是中國思想哲學偏重思索人生的傾向，這個關於每個人都會有的樂與不樂的感受與行爲上的取擇之問題，不可謂之不重要。而就中國思想哲學的討論而言，「樂」一般是被放在「情」之中（如七情、六情等等），「情」與「性」相對，並往往成爲一些道德上負面現象所歸咎的原因，然而，天道性命工夫修養的種種論述與文化中追求成聖成賢遠高於追求樂的傾向，所追尋的若不是樂，甚至是不樂，那其中是什麼緣故使得它的優先性高於樂？而若所追尋的是樂，則如「君子有終身之憂」（《孟子》〈離婁下〉第 28 章）這類看似矛盾的論述代表什麼樣的意義？樂與聖賢之關係又如何？是因爲樂已在工夫修養、成聖成賢之中，所以強調的是成聖成賢而不是樂，達到所謂聖人境界或天人一體的冥契境界的樂是更長久的，是不同於「一般」的大樂？那麼這樣的「樂」與一般的樂差異何在？且若是如此，則所謂的「樂」並不完全在偏向負面的意義上，而是具有不見得低於「性」的位置。若如此，則與其相類的「情」的其他部份（怒、哀、欲……）的定位，甚至「情」與「性」的關係，可能就需要再深入的探究與衡定了。

　　「樂」是一個重要的問題。在西方哲學中，「樂」也有具相當地位的討論傳統，例如伊比鳩魯（Epicurus 342 B.C.約 270B.C.）、斯賓諾莎（Spinoza 1632～1677）、邊沁（Bentham 1748～1832）、羅素（Russell 1872～1970）……等等，而在中國傳統思想中，它是不是眞的如一般印象中少被討論或較不被重視呢？是根本上在文化中聖學道德高高在上，「樂」是被忽略的一環，還是因爲近代學者所呈現出來對於古代的研究明顯忽略了這部份呢？它在思想文化中，又佔著什麼樣的地位？在現代變遷快速的社會中，我們又應該如何藉由重新檢視古人對此問題曾有的看法而有助於現在的生活呢？這些正是我們所想探究的問題。

第二節　樂思想的發展與討論的起點

　　樂的問題是一個包含上節所述諸問題的廣泛問題，在研究上劃定一個妥適的範圍是有必要的。對於思想哲學論題的主題式研究，劃定範圍所採取的

方法，大略的來說至少可能有：1.以哲學問題為中心來作討論，直接擷取該論題曾有的文獻，各視為獨立的文本，至於詮釋上是否與其所自的思想家原意接近，並不是所關心的問題。2.以此問題在思想哲學史上的大部份子論題或單一子論題為中心，作一歷史性的演變考察。3.以單一或數個思想家為中心，研究其思想中關於該問題的部分。若不只研究一個思想家，並對其間的比較或關聯性作考察。4.以對此問題已知的研究結果為中心，作文化、社會、政治、經濟、……等各方面的歷史性外緣考察。5.以非哲學論述的材料作為研究的對象，考察其中關於此思想的部分（例如「樂」），例如文學作品、風俗、音樂、行為……等等。在本書中，所採取是以討論單一思想家之「樂」思想為中心的方式來進行研究，以配合時間與學力的限制，並透過此一關於「樂」思想的重要思想家，來釐清一些關於「樂」思想的問題，並以此為起點來彰顯「樂」議題在中國思想史中的重要性。那麼，要以哪位思想家作為對於中國「樂」思想的研究起點呢？

　　首先，必須對中國「樂」思想的發展有個初步的、概略的瞭解，才有辦法做切入點的選擇。在已有的研究中，關於中國「樂」思想的研究資料明顯的不足。專書的研究，例如錢憲民《快樂的哲學──中國人生哲學史》，對於「樂」主題的聚焦度值得存疑，而如蒙培元《理學範疇系統》雖以一章之篇幅專論「樂」，不過主要只討論宋明儒家，至於其他的研究文獻，多半是小範圍、小篇幅的的零星論述，這對於此主題的瞭解而言顯的不足。在此，將部分藉助於綜合這些論述中所引述的文獻，對於中國「樂」思想史的大概面貌，作一個正確性尚有待分別深入研究的、初步而概略的敘述。

　　要探討中國「樂」思想史概略這個主題，首先要考慮的是方法與取材的問題。在材料取擇的定義上，哪些是歸類於「樂」這個主題範圍內而可以取用的材料？這牽涉到「樂」如何定義。有了定義，才能依定義選取材料。然而，在「樂」問題的研究中，古人所認為的樂、所感受到的樂是什麼，正是我們所要瞭解的目標之一，也才能據此說它的發展，若先定義了樂是什麼，便不是在研究瞭解樂是什麼，而是就自己所認知的「樂」去古人材料上找合適的東西填進已經有的認知架構中，則研究主題便成為「現在所認識的樂在古代的發展狀況」，便與原先的目標不合。故在此宜採取後定義的方式，在研究之後才對樂是什麼下解釋或定義。那麼，我們取擇材料所能採取的定義標準大概就只能從文字上的「樂」字本身著手了。在平常的用法中，與「樂」

字具有相似意思的字詞頗多，如「悅」、「快」、「欣喜」、「歡愉」……等等，在小範圍的研究中，若該主題的材料特性對這些有做明顯的區分，是必須含括內含這些字的材料且仔細區分之；但在大範圍的研究下，因不同時代、不同人的文獻中，用字指涉都未必相同，研究中所必須掌握的是其主軸的部分，故在此只採取直接論述「樂」，少部分包含「悅」，以及論述上雖不含「樂」字但是是明顯討論「樂」而沒有疑義的文獻，作為此大略考察的材料選擇原則。其他部分的納入，則有待分別仔細研究之後，才做進一步的統合。

接著是關於材料的代表性問題。綿延幾千年的文獻，再怎麼盡量收集，都不可能「完全」，因此歷史的建構，只能依據幾個質疑比較少的立足點來做為編織的原則。在有限的資料閱讀之中，取材只能先限於重要的思想家，而對於其中的材料，也無法充分解讀而選出其代表性觀點，只能以所見到的資料做一些初步的歸納。與其說這是一個「史略」的敘述，不如說比較像是希望拼湊一幅使其看起來還有點樣子的拼圖圖畫，以便從其中找出一些蛛絲馬跡，作為對此幅圖畫做較仔細的復原工作之著手起點。從這點來看，雖然這樣的工作顯得粗疏，但在已有的研究太少下，這也是必須的初步工作。說明了這些前提之後，以下我們就來看中國樂思想的概略發展。

以哲學興趣的議論與宗教經典作為核心的思想哲學文獻中，關於「樂」的討論，依其所討論的主要主題傳統區分，粗略的可分為以下幾種，不過，其中並非截然區隔，在各家互相影響下，各家未必只論一種主題：

1. 禮「音」樂教化相關的論述主題（音樂牽涉到情，而喜怒哀樂屬於情）：荀子、《禮記》、《呂氏春秋》、《淮南子》……等。
2. 孔孟學庸論述傳統（孔顏之樂、為學之樂、喜怒哀樂發與未發等為主，也部份有談樂與禮「音」樂）：孔子、孟子、柳宗元、歐陽脩、范仲淹、周敦頤、二程、朱熹、張木式、陸九淵、吳與弼、陳獻章、王陽明、王龍溪、王心齋、顏山農、何心隱、黃宗羲、王夫之、戴震等等。
3. 道家式的論述（至樂、逍遙、生死、忘……等）：《莊子》、《列子》、阮籍、郭象等。
4. 利己、享樂：楊朱、……等等。
5. 佛教、道教宗教體系內的論述：例如佛教的極樂淨土、法喜、常樂我淨（正負面）、三苦五樂、道教的神仙、禪或道教內丹的各階段體驗……。

6. 文學作品中呈現出的樂或對樂的描寫：例如山水田園之樂、隱逸與安貧樂道之樂、閒情逸致或品物賞玩之樂、各種世俗之樂……。

7. 其他：例如牽涉到討論音樂本質的嵇康〈聲無哀樂論〉……等。

　　雖然對於任何一個問題而言，每個時代看似都會有不同的思想派別與論述角度，但是，這些差異不是各自獨立的現象。在每一個時期中，他們都是在更基本的該時代主要的文化思潮基礎、社會文化因素影響之下，甚至是以這些因素為共同的基礎共識觀念、共同的論述工具之下，就這個時代的一些主要問題向不同方向發展而有不同角度的議論，就好比今人會就環境污染這個具體的、現在所迫切關懷的事情，來談人與自然的關係而古人不會。從另一個方向看，面對環境污染問題，今人也在現在共通的一些觀念之上，例如科學知識、重視自然保育……等，向各方向尋求解決〔註3〕。以「樂」問題的歷史發展而言，在先秦，「樂」主要是附帶在禮「音」樂教化與社會政治關懷來討論，這是在先秦周文化重視禮樂的主流文化背景之下，在社會身份差別大、學識掌握在上層社會、上層對待大眾以上對下的教導管理態度之下，所形成的思考傾向。針對此，儒家、道家等等採取截然相反的態度與對待方法，其對「樂」的某些看法也就有所不同〔註4〕。另外，雖也有關於個人的「樂」的問題，但非主流，卻是後世此方面關懷與討論的源頭〔註5〕。在漢代，「樂」的問題放在禮樂教化問題的論述中更是明顯〔註6〕。人世具體的處置、制度，是漢代思想討論與關心的重心，這可能和統一大帝國的初步建立，許多方面勢必摸索、建立、確定有關，也和鑑於秦亡的教訓有關。不過，在禮樂教化這問題之外，人們不可能長期只在公領域的約制中，也不可能長期只關心公

〔註3〕 例如，從人減少污染的方向著手，從人對自然的觀念之教育著手，從改進環保科技著手……等。至於，雖然在不同時代、不同思潮、不同文化背景之下對某問題反映出來的具體表象上有不同，但是否在這論題上，這些不同表象的背後仍有其共通的基本特性存在，這也是我們想要問的問題，不過不是在本書中所能處理的。

〔註4〕 例：a.《荀子》〈樂論〉：「〔音〕樂者，樂也」。b.《莊子》〈至樂〉：「天下……所樂者……好色音聲……其為形也亦愚哉。」

〔註5〕 例：a.《論》《孟》：「吾與點也」、「君子有三樂」，b.《莊子》〈至樂〉：「至樂無樂」，c.楊朱（《列子》〈楊朱篇〉）：「逸樂，順性者也。」

〔註6〕 例：秦漢間的《禮記》：（〈樂記篇〉）「……致〔音〕樂以治心者也。致禮以治躬則莊敬……，心中斯須不和不樂，而鄙詐之心入之矣」、《呂氏春秋》：（〈似順論〉）「惡欲喜怒哀樂六者，累德者也」，後來的《淮南子》：（〈謬稱訓〉）「古之為金石管絃者，所以宣樂也」。

的領域，有關個人的部份的「樂」也漸漸被注意到，其位置是放在情之中被
討論。此外，由於一統帝國，別無分號，士人的出處只有一處，於是「樂」
牽涉到仕隱的問題也有所討論。魏晉南北朝，關於「樂」的問題，以「情」
的討論爲特色，另外還有隱逸山水之樂。傳統上，「樂」放置在情中，雖然主
要不是針對「樂」的問題討論，但是算是對「樂」這個問題有側面的影響。
由於對「情」的態度往肯定的方向改變（例如王弼的「性其情」、聖人有情無
情論題），在對「樂」問題的觀念與態度的改變上，應該有一定的影響（增加
肯定度）。隋唐思想主要延續南北朝，以佛、道教爲主。在佛經中、道教經典
中，也有一些有關「樂」的討論〔註7〕，建立在佛教、道教的教義、理論之上，
是另外一套的思考，但對文化走向的改變有一定的影響，也影響了後世思考
心性與世界觀的問題，也就影響了在這些思考方式下、在這些世界觀下所看
的、所討論的「樂」問題（如宋明理學體用論的思考）。而佛、道教以外，儒
學學者的韓愈、李翱則是在性、情的論述中討論到「情」（韓愈性與情皆分三
品，李翱主張滅情復性）。到了宋明，主要的論述則是扣緊儒家爲主的經典（如
《論》《孟》等）討論，如「孔顏樂處」、「吾與點也」等。宋代開始比較明顯
的重視「樂」，並成爲重要論題之一。其社會文化發展潮流的因素，如市民社
會、工商繁榮、城市生活的娛樂活動、由一般平民出身的士大夫階層文化圈
的形成確立等，應當是重要的原因。至於思想理論上，亦與儒學的復興有關。
到了明代，王陽明以「樂」爲心之本體，泰州學派更進一步說「樂是樂此學，
學是學此樂」（王艮），把「樂」放到學問的最高的目標，並成爲其學說的重
要標誌〔註8〕。除了理論上「樂」有推向本體的需要外，社會更加繁榮發展，
以致超越的終極面的追尋與世俗面的兼顧結合變得更加需要，也是其重要的
可能形成原因。而明末到清代，主要思想家對於「樂」的論述原則上還是延
續《論》、《孟》、《中庸》等經典上談，走向則與當時理學之總結、學術之轉
向與反理學等潮流相同。但隨著清代在學術各方面的總結前代與綜合性發
展，「樂」的論述雖不見得少於以前，但也就不顯得突出了。

　　在初步的觀察中，發現從先秦以至清代，除了宋明儒學及其延續的論題

〔註7〕佛教例如淨土宗的極樂世界、法華經安樂行品、及常樂我淨、三苦五樂等觀
　　　念，道教則多言清靜、坐忘、逍遙等，少見到直接論樂。

〔註8〕學與樂關係密切雖是宋明時期常討論的，如邵雍「學不至於樂，不可謂之學」
　　　（〈觀物外篇〉），不過都不似泰州學派是把這方面當作學派宗旨來重視。

以外，主要思想家多數對於「樂」的論述都不多，即使有也多半是附論式的提到，而與「樂」相關的「情」、「欲」問題則是比較常被論到，且多歸於負面評價。與一般的詩文比較起來，詩文中提到「樂」的比率明顯的高於思想家的論述「樂」。就理論方面來看，大致而言，不太看得出「樂」在各家理論體系中所佔的位置是重要的，談「樂」的文獻不多而且零散。

　　一個觀念或論題、思潮的發展，有起源的時期，有轉變的時期，有興盛的時期，有被遺忘或較不重視的時期，或有較具特色的時期等等。就上面所拼湊的圖像來看，「樂」觀念的發展，到宋明是歷史中比較明顯的、較被重視的、當作重要論題被討論的時期，在理論上也有較大的不同。其中，又以王陽明的「樂是心之本體」，以及承繼陽明樂思想，以王心齋爲首的泰州學派爲重視的高點，並對其當時及以後的思想有較大的影響。因此，本書選取此轉折點上的王陽明（1472～1529）作爲切入點，並以王陽明爲討論的中心，來對「樂」這個問題作初步的探索。

第三節　研究目標、方法與論述之配置

　　在第一節中所提的各問題，是針對整個樂主題的問題背景與可能想解決的問題，而在確定了研究範圍之後，接著所要談的是在此研究範圍之下，具體研究目標的設定、研究方法，以及本書的論述配置。以下，先看一段陽明關於「樂」思想的論述中，最明確也較爲人熟知的一段話：

> 樂是心之本體，雖不同於七情之樂，而亦不外於七情之樂。雖則聖
> 賢別有眞樂，而亦常人之所同有。但常人有之而不自知，反自求許
> 多憂苦，自加迷棄，雖在憂苦迷棄之中，而此樂又未嘗不存，但一
> 念開明，反身而誠，則即此而在矣。（《傳習錄》卷中，〈答陸原靜書〉，
> 陳榮捷《王陽明傳習錄詳註集評》第 166 條〔註9〕）

在此短短的一段話中，陽明所提到的詞彙概念就有樂、心、本體、七情、眞樂、不外於、聖賢、常人、自加迷棄、一念開明、反身而誠等等。要說明「樂」思想，必須同時牽涉到其思想中的許多概念、辭彙，而要對於那些相關詞彙

〔註 9〕　《傳習錄》引文依據陳榮捷《傳習錄詳註集評》，編號依據陳本所編。引用《傳
　　　　習錄》文本時，陳本已註之典故引據註釋直接參照陳書，本書中一部分從略，
　　　　不再一一列入註腳。

有切要而比較可能較接近該思想家原有思想的解釋，則又必須旁涉到其它更多的概念。其結果便是，要研究該思想家的某方面思想，亦必對其整個思想有較完全的瞭解，方能對於所要研究的主題中之相關文獻有較妥當的瞭解與解讀。而所謂該思想家的思想，在其人已去之下，實際上就是由構成他這些論述的各概念辭彙所共同組織出來的一套思維體系。此思維體系藉由共同的、且傳衍下來的文字語言體系而得以保存其一定程度以上的切近原意。但，畢竟書本文字不等於思想，解讀者還是在人。在瞭解此情況之下，則可以知道，解讀時必須把該思想家的各部論述當成一個完整的語言系統，並盡可能的藉由同時期各種文獻，以重建解讀者對於該時期語言系統的理解，而來瞭解該語言體系下的某一思想家的語言體系，以更確定各概念辭彙的確實指涉。另外，若再加上某些時期因為引用經典相同，建立各自思想體系時採用的詞彙都一樣，則若不是在整體的脈絡下，是很難判別其確指的〔註 10〕。因此，研究一個思想家中的某個概念，必須以對其思想的整體瞭解為基礎，方能較為切近的說明該部分，並說明其與思想中其他部分的關係。此是研究思想家思想所必須注意的一點。

其次，語錄式的思想哲學文獻不同於系統化論述的條理分明，但就一個經過歷史的考驗而可以稱為思想家的人而言，其思想雖或許有一些盲點存在，但基本上思想的各部分構成一個整體，它必須是系統內一致的，否則不成其為有條理的思想體系。如此，則這些語錄就好比數學物理公式一樣，公式只是簡單幾條，其背後是一大套完整的推論體系，並不因為公式的簡潔而否認其系統的完整性。而語錄式的思想哲學文獻便是如此。在其背後綿密的推論陳述闕如之下，只能靠各論述間的點點滴滴互相推證其相互之間的脈絡，才能較為清楚的瞭解其體系，不宜斷章取義，不宜套套其他各式之理論便予「詮釋」，也不宜以一句「辯證關係」作為文意上有跳躍而無法理解時的搪塞。不過，在此牽涉到思想家思想成長轉變導致不同時期理路差異甚至矛盾的狀況，或是因為文獻編次的種種錯誤因素，造成解讀上的訛誤，這都是必須考慮的。對於陽明來說，以《傳習錄》為主的論述產生在其龍場悟道之

〔註 10〕例如宋明時期即是。唐君毅說，「宋明諸儒，于先秦經傳既所同習，于儒者相傳之義理，亦共許者多，其論學所用之名辭，復大率相類，故于其所陳說，多初看亦似皆相差不遠者，如黃茅白葦，一望皆是。今欲于同中辨異，其事不易。」（唐君毅《中國哲學原論・原教篇》頁 9〈自序〉）

後，陽明自言龍場之後思想大致已不出良知之意，只是隨著所悟之漸深而強調的重點有所轉變，加上本書主要依據之《傳習錄》與《王陽明全集》，在文獻編纂上可信度可以接受，因此，就陽明而言，文獻中基本上的理路一致是可以成立的。故本書對於陽明文獻之處理也採此態度。

　　再者，語錄式、書信式的文獻，答者回答的內容往往針對問者所問的，針對補偏救弊而答，甚至也牽涉到問者這個人當時的情境狀況，所以，依照不同情況有不同的答法，在解讀文獻時必須考慮到這一點。例如天泉證道中，陽明即說其接人有利根與一般人兩種，教學時回答的方法有所不同。另外，要談某思想家某方面之思想之歷史地位，須先瞭解其思想體系以及其該部分思想，也當然的，對於歷史中至少該時期各家思想及其此部分思想必須有一定程度的研究，方能有較正確的判斷。在對其他各家「樂」思想無相應程度的瞭解下，若只是擷取相關部分的論述，於解讀各家此部分之文獻時，容易產生偏差。因此，限於時間與篇幅，本書先將重點置於釐清陽明的「樂」思想。至於歷史的部分，僅是作為一個必要的初步考察。

　　在考慮這些原則之下，本書的目標將設定在釐清陽明的「樂」思想之內容，並連結其與陽明思想各單元之關係，以及瞭解「樂」思想在陽明思想中所扮演的角色。至於陽明「樂」想的歷史定位，則僅作為附帶性的幾點討論，以大致瞭解其前後的相關關係。

　　論述的配置方面，因為對「樂」思想的說明必與其各思想單元有密切關係，故在方法上，以對其思想體系整體的瞭解作為瞭解「樂」思想的基礎背景，因此將先討論陽明的思想。雖陽明思想研究者已多，此部分似無庸贅述，但因各研究者所論未必完全符合本研究中之理解，徵引何人所理解的作為陽明思想之依據是一個問題，再之各研究所論之選取點與角度未必切合本書論述之需要，又因避免在討論「樂」時的插入交代影響「樂」主題討論的連貫性，故對於陽明之思想仍作前置性的討論，但只取較直接關係於本書之論述的部分來討論。而在歷史考察方面，由於非本書之重點，故主要採取將目前所判斷之各家較有代表性的「樂」論述一併羅列，而綜合討論之，其所得僅止於一個概略的描繪。

　　如此，則本書的配置大略是：先討論陽明思想中各部分的幾個相關主題，作為對陽明「樂」思想的前置瞭解，以及當作處理一些問題的前置討論。接著討論陽明「樂」思想之內容，此部分包含以筆者站在現代的立場試圖瞭解

陽明思想所做的分類與討論架構，以及就陽明的幾篇較重要的論「樂」文獻，依循陽明討論的脈絡所做的觀察。必須說明的是，分類與區分主題去討論它，分類者、區分者本身這套分類、區分便已經是某種思想體系了（例如像「是什麼」便是現在所比較強調的）。以某種思想體系的架構討論另一思想體系而將其文獻安置到此架構中，做法本身便已造成一次理解上的誤差。然此乃後人討論前人所無法避免的，只能在與其思想體系的互動中，調整論述上所採取的架構，以減低削足適履的情況。接著，則是把前面關於陽明思想與陽明「樂」思想兩大部分的論述整合，把陽明的「樂」思想放到陽明的思想體系中，做一整體的敘述，在陽明的整體思想中來瞭解陽明的「樂」思想。最後，則是對陽明「樂」思想的歷史定位略作討論，以及小結。

　　以下，我們即開始進入陽明思想的討論。

第二章　陽明樂思想的前置瞭解——致良知學的幾點討論

第一節　陽明學說的重心——良知

一、陽明學說的目標與重心

　　陽明早年的成長歷程，就已經「確定了聖人之志〔註1〕」。在文獻中，陽明屢屢以聖人作爲論說的標的。在朱學盛行的學風下，自己以孟子自喻（如《傳習錄》，第176），並以承孔子、顏子、曾子、孟子、周敦頤、二程的聖學道統自居，救天下於陷溺自命〔註2〕。其學，可以說全是成爲聖人之學〔註3〕。

〔註1〕　參閱鍾彩鈞《王陽明思想之進展》，頁18及第一章。
〔註2〕　《王陽明全集》（以下引用簡稱《全集》），卷7，頁230，〈別湛甘泉序〉：「顏子沒而聖人之學亡。曾子唯一貫之旨傳之孟軻，終又二千餘年而周、程續。自是而後，言益群，道益晦，析理益精，學益支離無本，而事於外者益煩以難。……夫惟聖人之學難明而易惑，習俗之降愈下而益不可回，任重而到遠，雖已無俟於言，顧復於吾心，若有不容已也。……」，又如《傳習錄》，第181「僕誠賴天之靈，偶有見於良知之學，以爲必由此而後天下可得而治，是以每念斯民之陷溺，則爲之戚然痛心，忘其身之不肖，而思以此救之。」
〔註3〕　陽明「學問」所指即是、全是成爲聖人的學問，無其他。例如《傳習錄》第141說生知學知困知，所知所學皆是義理，又如《傳習錄》第111說學是學去人欲、存天理。另外，也多處提到如「君子之學，惟求得其心」（《全集》卷7頁239〈紫陽書院集序〉）這類把「學」定義在心性修養相關方面上的爲學觀念。

而陽明所認爲的聖人之學，其重心即是著名的「良知」、「致良知」學說〔註4〕，
而其思想與立教，也以此爲核心，大致不出此之範圍。陽明說：

> 吾「良知」二字，自龍場以後，便已不出此意，只是點此二字不出，
> 於學者言，費卻多少辭說，今幸見出此意，一語之下，洞見全體，
> 真是痛快，不覺手舞足蹈，學者聞之，亦省卻多少尋討功夫。學問
> 頭腦，至此已是說得十分下落〔註5〕，但恐學者不肯直下承當耳。」
> 又曰「某於良知之說，從百死千難中得來，非是容易見得到此，此
> 本是學者究竟話頭，可惜此體淪埋已久，學者苦於聞見障蔽，無入
> 頭處，不得已與人一口說盡，但恐學者得之容易，只把作一種光景
> 玩弄，辜負此知耳〔註6〕！」（《王陽明全集〔註7〕》卷41頁1575錢
> 德洪〈刻文錄序說〉）

由於「良知」居於陽明思想的中心，它牽涉陽明思想中如體用、心、天理、
工夫等等其他重要的概念，故將先從「良知」討論起。

二、陽明所說的良知

陽明所說的「知」與「良知」這兩個指涉良知的語詞，使用上在本體層
次與發用層次之間跳躍。良知一般作爲本體層次的指涉，但也有指發用層〔註

〔註4〕 例如陽明說「致知二字，是千古聖學之秘」（《全集》卷5頁199文錄二〈寄
薛尚謙〉），《傳習錄》第168說「致良知是學問大頭腦，是聖人教人第一義」，
又說「綿綿聖學已千年，兩字良知是口傳」（《全集》卷20頁791〈別諸生〉）
等。

〔註5〕 陽明明說良知是這門學問要探究以及所能論說的終極。此即牟宗三所言的發
展到陽明分解已盡（《從陸象山到劉蕺山》頁290）。

〔註6〕 蓋因良知本體無聲無臭，只能用各種方法近之，例如用各種常人所知的概念
或可見形物去比喻趨近，但終究不是它，未見者也見不得，故真真假假是是
非非難分，也就變成玩弄光景，這是陽明所早已擔心，也是羅近溪等有破光
景之論的原因（可參閱黃淑齡，《明代心學中光景論的發展研究》）反之，由
光景之玩弄，由良知本體之不可聞見，由良知陽明以之爲終極究竟，也更可
見其無聲無臭無形且皆非任何一物的特性，也更可明瞭學者無入頭處，及此
體之淪埋已久，有一定的必然性。

〔註7〕 以下出處爲《王陽明全集》者，以《全集》簡稱。

〔註8〕 發用層，也就指是本體的發用面貌。體用本是爲一，就發用見其本體，由本
體而有發用。本書中以發用「層」，本體「層」來論述，是討論上指涉其體用
不同「層次」，或是說，就體用不同「角度」來討論的方便說法，並非截然劃
分爲一層本體、一層發用。

8〕的良知，例如「體即良知之體，用即良知之用，寧復有超然於體用之外者乎？」（《傳習錄》，第 155）既無體用之外的部份，既非「良知」、「良知的體」、「良知的用」三分，則良知二字實括指體用兩個層次。又如「知善知惡是良知」（《傳習錄》，第 315），良知在此可說是具有知善知惡能力的本體，也可說是發用層知道善惡的良的知。又如「求諸其心一念之良知」（《傳習錄》，第 139）也是與「念」同屬發用層。另外，依陽明，體用本即一體，故以詞語指稱時，須看文章脈絡決定它是指稱本體或發用層次。而「知」字也是有本體層與發用層的使用區別，不過，在本體層雖也就是指涉良知（如《傳習錄》，第 8「知是心之本體」），但發用層不只是指「發用層的良知〔註 9〕」，也有用作指一般所認為的知道、知識的知，如「聖人須是本體明了，亦何緣能盡知得？」（《傳習錄》，第 227）、「良知之外，別無知矣」（《傳習錄》，第 168）、「聖人不貴前知」（《傳習錄》，第 281）。

　　在這些不同用法中，「知」、「良知」指涉本體層次「良知本體」的用法，以及在發用層應物而「知」是「知」非的「良知」，是「良知」之說主要所要指出的。就陽明文獻中討論良知的各章可以得知：

　　良知是什麼：良知是判斷善惡是非的標準（《傳習錄》，第 162、169、288），是判斷過不及的標準（《傳習錄》，第 304），是孝、弟、忠等倫理行為的定義標準（《傳習錄》，第 189）等等。若就良知的等同物來說良知，則良知是本體（《傳習錄》，第 155），是心之本體（《傳習錄》，第 152）、是未發之中（《傳習錄》，第 155、157）、是道心（《傳習錄》，第 140）、是佛家所謂本來面目（《傳習錄》，第 162）、是性〔註 10〕、是理、是天理〔註 11〕、是天（《傳習錄》，第

〔註 9〕　亦即依本體應物而發，在發用層的「知是非」、「知人倫」的知，例如「聖人無所不知，只是知箇天理」（《傳習錄》第 227），又如「見父自然知孝」（《傳習錄》第 8）、「他是便知是，非便知非」（《傳習錄》第 206）。此發用層的良知之知，並不是認知意義的知，而是與意志、行為、事件同時而有，可以說是一種覺的知。並非先認知道對錯，然後才依著去做。

〔註 10〕陽明認為「心也、性也、天也、一也」（《傳習錄》第 192），又認為「性無定體，論亦無定體，有自本體上說者，有自發用上說者，有自源頭上說者，有自流弊處說者，總而言之，只是這箇性，但所見有淺深爾，若執定一邊，便不是了。性之本體，原是無善無惡的。」（《傳習錄》第 308），「心之本體即是性，性即是理」（《傳習錄》第 81）則性若用在本體層，即等於良知本體，而若用在發用層，則指本體之發用。在發用層，發用層的良知之知包含在其中，亦包含生理之性，包含氣，而如「氣亦性也，性亦氣也」（《傳習錄》第 242），乃是就體用一源的角度說。

269)、是誠〔註12〕、仁〔註13〕，而這些便同樣是本體的異稱，或是對完全順著本體（也就是本體良知）之發用的描述。由這些看來，陽明幾乎是以良知為一切價值判斷的標準。

良知的性質：在文獻中可見到一的些關於良知的描述，姑且稱作良知的性質或屬性。例如良知只是一（《傳習錄》，第154）、良知本體真誠惻怛（《傳習錄》，第189）、本自生生（《傳習錄》，第162）、生生不息（《傳習錄》，第244）、如明鏡般，順萬物之情而無情（《傳習錄》，第167，171）、作為本體的良知是不睹不聞（《傳習錄》，第329）、良知是中和的（《傳習錄》，第304）、不因時間空間而不同（《傳習錄》，第171）、不用思慮或學習就可知道它、並具有其能力（《傳習錄》，第171）、簡單（《傳習錄》，第171）、順應無滯（《傳習錄》，第267）、良知的發見流行，不能減一分增一分，而且是中（《傳習錄》，第189）、良知作用只在現在已見可見的部份，無前後之別，只知得見在的幾（《傳習錄》，第281）、「良知即是易，其為道也屢遷，變動不居，周流六虛，上下無常，剛柔相易，不可為典要，惟變所適」，亦即本體良知並非特定某物，其發用也是依種種狀況變化而不僵化，具有變易的性質（《傳習錄》，第340）、又因其變化無端，故真假也不易辨別（《傳習錄拾遺》，第51）、良知只是一箇（《傳習錄》，第154、162、189）、良知人人皆有（《傳習錄》，第155）、良知

〔註11〕　《傳習錄》第154說良知是一，《傳習錄》第189說良知是一箇天理自然明覺發見處，《傳習錄》第169說良知是天理之昭明靈覺處，皆包含在天理之內，又言天理即是良知，則天理亦包含在良知之內，故，良知等於天理且是一。且，既是一，則天理之自然明覺發見處、昭明靈覺之處，不是天理的一部份，而是即等於天理，如此，則形容良知的自然明覺、昭明靈覺也等同於形容天理之全部，而等同於良知。又，天理等於良知，由此也知如《傳習錄》第169、189 天理之明覺發見處這類的用法，就是指天理，明覺發見是用來形容天理的，「處」，是強調其發用的個別殊異性，強調其是即物而見的意思。此用法在傳習錄中，除了第189發見流行「處」、第169昭明靈覺「處」以外，還有第167無所著「處」、生其心「處」，第304過不及「處」，第152若謂良知亦有起「處」等等，皆是同樣的用法。

〔註12〕　「誠是心之本體，求復其體，便是思誠的工夫。」（《傳習錄》第121）而本體等於良知，故作為本體的誠等於本體良知。而所謂思誠的工夫，即是工夫上誠意之工夫。

〔註13〕　《傳習錄拾遺》第42：「才拂便去，亦不消費力，到此已是識得仁體矣。」但《傳習錄》第38言：「澄問『仁義禮智之名，因已發而有？』曰『然』。他日澄曰『惻隱羞惡辭讓是非，是性之表德耶？』曰『仁義禮智也是表德，性一而已，自其形體也，謂之天，主宰也，謂之帝……』」蓋亦有以本體層稱之，也有以發用層稱之，體用一源也。

本體性質是無動無靜、無動靜之分的（《傳習錄》，第 262、157、《傳習錄拾遺》38）、是廓然大公寂然不動的（《傳習錄》155）等等。而這些同樣也是用以稱謂本體的性質或是依順良知之發用的性質。

　　作為本體的良知，其實不是一般的發用層知道見聞的知。之所以稱為知，乃在其作為價值之判斷標準，故說是知。因為它不是一般的知，所以全知全能的聖人所「知」的，是對天理無所不知無所不能，但對實際具體事事物物不必、也無法全知道（《傳習錄》，第 227）。但因為是本體，故若有所知，則莫非此本體——也就是良知——之發用流行（《傳習錄》，第 168）。而，既是本體，便是什麼都是、也什麼都不是，則，說它具有什麼「性質」，或許也不是很妥當。說性質，其實只是人為了明白它而姑且做的「人所認為」的描述。再者，既然本體是一是全，則其實對於本體以及與其等同而異稱的東西的指涉、描述，也都是對良知的指涉、描述，所以對於其他單元的討論，也可以對良知有進一步的瞭解。

　　認得良知：良知既是本體，難以聞見，如何認得？陽明認為不思善不思惡時可認得（《傳習錄》，第 162）。又如孟子所言，藉由夜氣去認得良知本體，也是途經之一（《傳習錄》，第 162、268）。或如省察之下，由心所安處認良知（《傳習錄拾遺》，第 7），也是一個途徑。另外，若只求聞見多，即容易迷失而無法認得良知，便容易在判斷與決定上未順著良知本體發用，反而以所聞見為判斷的依循準則了（《傳習錄拾遺》，第 17）。

　　認得良知與達到良知的純然發揮息息相關，也就是良知之致，而其工夫，也就是致良知工夫。

　　小結：良知在陽明的思想中，具有學說重心與究竟話頭、終極目標的地位。良知之認清，良知之致，是陽明學問終極的目標。良知本身也作為其他概念的判定標準（例如由良知定義善惡，《傳習錄》第 276 由良知定義「義」、「禮」、「智」、「信」等等），也是一切聞見（《傳習錄》，第 168），甚至是天地萬物的來源（《傳習錄》，第 269）。對於如此重要的良知，在功夫上，雖有許許多多，但總之都是要達到良知之致。雖說良知簡易明白，但是要達到良知之致，也是需要思索斟酌的（《傳習錄》，第 284），日求進步的，最後才能如聖人般順應良知之發用（《傳習錄》，第 269）。

　　接著，討論陽明的體用思想。

第二節　陽明思想以體用體系爲基本展開架構

一、陽明思想以體用體系爲基本展開架構

　　體用體系是中國思想中一個重要的理論體系。熊十力認爲，體用論發源於易經〔註14〕，然而，先秦文獻雖曾有過零星的文字或相似的理論〔註15〕，但如何定義其源並指明源出於儒或釋、道，在歷史上實是一個爭議的問題。可以確定的是，至少到魏晉時，體用論已經成爲玄學家普遍使用的體系，其中王弼以無爲本的體用論是其代表。在魏晉至唐這段時期內，體用體系也在佛、道教理論中運用發展，至宋初對宋代的儒學產生了相當大的影響，體用體系成爲士大夫普遍運用的觀念〔註16〕，以致於成爲宋明儒學各家普遍的基本論述架構。

　　在此體用體系差不多成爲常識的思想背景下，雖然體用普遍的被運用，但在各家思想中未必成爲被重視或被廣泛運用的主要概念範疇（如象山）。而在陽明思想中，體用概念受到重視，且可以說是其理解各個概念範疇的核心架構、原則，廣泛的用以闡釋說明陽明思想中的各個重要概念以及各概念範疇間的相關關係。因此，可以說，陽明思想是一個以體用爲分析時的核心原則所展開的思想體系，以體用爲架構有力、明確的解釋了各個思想概念。而此，可由以下三點爲例見出。1、陽明非常明確而廣泛的運用「體用」到各個概念範疇。例如良知、道、心、性、天、天理、致知、誠、意、喜怒哀樂、中和、聖人、人、善、工夫、內外、知行、戒慎恐懼、定、動靜〔註17〕等等

〔註14〕「體用之義，創於變經（原註說明：即易經）。晚周群儒及諸子無不繼承大易，深究體用。」（熊十力《體用論》頁43）。

〔註15〕常被舉出者，如易繫辭上的「道」、「器」之分，如以老子的「道」爲本體等等。

〔註16〕參島田虔次《朱子學與陽明學》，頁5。

〔註17〕「良知之本體」（《傳習錄》155）、「道體不息」（《傳習錄拾遺》第34）、「四書五經不過說這心體，這心體即所謂道心」（《傳習錄》第31）、「性是心之體」（6）、「夫心之體，性也，性之原，天也」（134）、「天理本體，自有分限」（44）、「致其本體之知」（134）、「誠是心之本體」（121）、「意之本體便是知」（6）、「喜怒哀樂本體自是中和的」（58）、「中和之體」（297）、「聖人本體明白」（227）、「人之本體」（328）、「至善者心之本體」（228）「功夫不離本體，本體原無內外」（204）、「知行的本體」（5）、「便謂戒慎恐懼是本體」（266）、「靜亦定，動亦定的定字，主其本體也」（202）、「就其生生之中，指其常體不易者而謂之靜」（157）。

許多概念都直接明確的用到體用概念來論述。2、陽明強調體用觀念，多處明確以「體」與「用」作爲良知、心、性、情等重要概念的解釋。例如陽明論良知時說「體即良知之體，用即良知之用」（《傳習錄》卷中，第 155），解釋「性」、「情」時說「性，心體也，情，心用也」（《全集》卷 4 頁 146〈答汪石潭內翰〉），解釋「性」時說「性無定體，論亦無定體，有自本體上說者，有自發用上說者」（《傳習錄》下，第 308）等等。而除此之外，陽明解釋良知時甚至說：「寧復有超然於體用之外者乎？」（《傳習錄》卷中，第 155）並且認爲「天地萬物，俱在我良知的發用流行中」（《傳習錄》下，第 269），以體用觀念涵蓋天地萬物。3、陽明很重視體用一源的思想，以及很特別的把許多不同的概念都歸到本體來論〔註18〕，其中包括了「樂」。另外，復其本體，也是陽明良知學中，等同於致良知的，且是十分強調的工夫論述〔註19〕。

二、陽明思想中的「本體」

　　體用體系包含「體」和「用」。「用」一般是指能見能聞的種種，比較容易理解，「本體」則是比較不易理解的部分。對於陽明所認爲的「本體」，以下略舉數端相關之描述，以助於瞭解其概要：

　　無形無象、無法聞見、變化不拘、亦無出入動靜之分：陽明說「心之本體原無一物」（《傳習錄》，第 119）、「良知本體原來無有，本體只是太虛」（《全集》卷 35 年譜三頁 1306）、「不睹不聞，是良知本體」（《傳習錄》，第 329），而心之本體即是本體，良知本體亦等於本體，故本體是無形無象，無法見聞的。又說「中只有天理，只是易，隨時變易，如何執得？須是因時制宜，難預先定一箇規矩在」（《傳習錄》，第 52），同理，天理也等於良知，等於本體，故本體也是變化不拘的。在此之下，本體也自然是無出、入與動、靜之別。陽明說，「若論本體，原是無出無入的」（《傳習錄》，第 48），並說「心之本體，固無分於動靜也」（《傳習錄》，第 157）。

〔註18〕例如「樂是心之本體」（《傳習錄》第 166）、「心之本體即是天理」（《傳習錄》第 96、145），「誠是心之本體」（121），「心之體性也，性即理也」（133），「良知者，心之本體」（152），「至善者心之本體」（2、228、317）、「知行本體，即是良知良能」（155），「定者心之本體」（41）等等。

〔註19〕例如《傳習錄》第 5：「聖賢教人知行，正是要復那本體」。關於此之論述甚多。且認爲「體明即是道明，更無二」（《傳習錄》第 31），而所謂的惡，正是因爲心「失其本體」（《傳習錄》第 34）。

無法言說、要人自己體會：也因為本體不可聞見，無固定形象，變化不拘，所以陽明認為有關天理、致良知等等，至本體層次就無法言說，而令人自己體會。例如陽明說，「知道者默而識之，非可以言語窮也，若只牽文泥句，比擬做像，則所謂『心從法華轉，非是轉法華矣』」（《傳習錄》，第 157），而〈年譜〉中說，「先生自南都以來，凡示學者，皆令存天理，去人欲，以為本，有問所謂，則令自求之，未嘗指天理為何如也。」（《全集》卷 34 頁 1279〈年譜〉正德十六年〔1521 年〕正月）

本體是一、是全：前面談良知時曾提到本體是一是全。所謂本體是一，包含：人人以至天地萬物的本體都是一樣，以及，本體的一部份即是本體的全部，也就是本體是「全」這兩個意思。前者如陽明說「良知人人皆有」（《傳習錄》，第 221），又說「天地萬物，俱在我良知的發用流行中」（《傳習錄》，第 269），而良知即本體，故等於人人以至天地萬物的本體都相同。至於本體是全，陽明說「人心是天淵，心之本體，無所不該，原是一箇天。……比如面前見天，是昭昭之天，四外見天，也只是昭昭之天，只為許多房子牆壁遮蔽，便不見天之全體，若撤去房子牆壁，總是一箇天矣，不可道眼前天是昭昭之天，外面又不是昭昭之天也，於此便見一節之知，及全體之知，全體之知即一節之知，總是一箇本體。」（《傳習錄》，第 222），很明確的說明了本體是一而全，說本體，即是說本體之全部，並無局部之本體或不同之本體。

無時無地不在、亙古亙今、無終無始、亦不因發用層影響其本然：陽明說「見得自己心體，即無時無處不是此道。亙古亙今，無終無始，更有甚同異，心即道，道即天，知心則知道知天。」（《傳習錄》，第 66），本體、心、道、天，在此為等同語，皆是亙古亙今，無終無始的。陽明又認為，「心之本體無起無不起，雖妄念之發，而良知未嘗不在，……雖昏塞之極，而良知未嘗不明……雖有時而或放，其體實未嘗不在也，……若謂良知亦有起處，則是有時而不在也，非其本體之謂耳」（《傳習錄》，第 152）、「其或蔽焉，物欲也。明之者，去其物欲之蔽，以全其本體之明焉耳，非能有以增益之也。」（《全集》卷 7 頁 251〈親民堂記〉）可知本體是所謂「恆」照者（《傳習錄》，第 152），不僅隨時都在，且不論在發用層如何的變化，都不會影響到本體的本然狀態〔註20〕。而陽明多次以鏡喻本體，認為「良知之體，皦如明鏡，略無纖翳，妍媸

〔註20〕但本體應物而發之「知是知非之知」對於發用層的心意之決定，會有所影響，就像鏡中之影對照鏡者有所影響一樣。

之來，隨物見形，而明鏡曾無留染。」（《傳習錄》，第 167）亦是此意。

　　作為價值標準所以無善無惡、做為價值判斷根源所以也以正面來稱謂：陽明說，「無善無惡是心之體」（《傳習錄》卷下第 315），含有兩義：一是就人的角度來看人世善惡，本體是價值的來源（也是存在的來源），是判斷善惡所依據的標準。標準本身，無法以標不標準稱之，但同時也是最標準的，因此本體無法以善惡稱之而說「無善無惡」，但同時也是「至善」（「至善是心之本體」，《傳習錄》，第 2、228 等等），故以「善」而不以「惡」稱之。這一義，是為其次的人立說的（《傳習錄》，第 315）。二是將人抽離來看，善惡是因人而有，善惡是人所做的區別，在去除了人的因素之後，天地間並無善惡之分（甚至也沒有體用之分），故本體的最究竟義，是無善惡意義的「無善無惡」，這也是陽明終極的認定。而一、二兩義皆可以以「無善無惡」稱之，故本體無善無惡（而四句教其他三句是有善有惡）是較為確切的說法（但後三句有善有惡並非最根源的說法），所以陽明說切不可失了此宗旨（《傳習錄》，第 315）。

　　體用之外別無他物：如前述，陽明說，「體即良知之體，用即良知之用，寧復有超然於體用之外者乎？」（《傳習錄》，第 155），又說「天地萬物，俱在我良知的發用流行中，何嘗又有一物超於良知之外，能作得障礙？」（《傳習錄》，第 269）萬物無超於良知之外，良知無超於體用之外，是以萬物皆在體用體系之內理解，此是陽明以體用體系為核心架構的一貫立場。

　　體用一源、因用求體：「體用一源，顯微無間」，是伊川〈易傳序〉（《二程集》頁 689）之語，在北宋初年（十一世紀）以後〔註21〕，也成為普遍的觀念，儒者佛者均常用之，陽明亦然。陽明對於體用一源的解釋，如《傳習錄》第 108 說：

> 心不可以動靜為體用，動靜時也，即體而言用在體，即用而言體在用，是謂體用一源。（《傳習錄》，第 108 條）

蓋天地萬物本無所謂體用，體用之分乃在人。是以，指稱體時，其用已在所指稱之體上，本無分；指稱用時，其體本也已在此用上，亦無分。然終究人在體用觀念下所分出的體，是無法聞見，不可捉摸的，而人平日所能見，也僅是可見可聞的發用層的呈現，是以陽明說，「夫體用一源也，知體之所以為用，則知用之所以為體者矣。……體微而難知也，用顯而易見也，……君子

〔註21〕見陳榮捷《傳習錄詳註集評》，頁 219。又，在《傳習錄》裡，陽明「源」與「原」皆有使用。本書中，除《傳習錄》引文外，統一使用「源」字。

之於學也，因用以求其體」（《全集》卷 4 頁 146〈答汪石潭內翰〉），能因用以求其體，也是因為體用一源。

在體用一源下，陽明用以解通一些看似矛盾的概念，例如「覩聞思為一於理，而未嘗有所覩聞思為。即是動而未嘗動也。所謂動亦定，靜亦定，體用一原者也。」（《傳習錄》，第 156），蓋即體即用，純然順於本體發用的覩聞思為是動，此動與本體非覩聞思為之靜，是一致的，所以，是動而未嘗動也。此外，陽明也用體用一源解釋關於本體與發用的種種關係，例如陽明說，「蓋體用一源，有是體即有是用」（《傳習錄》，第 45）。

體用一源，也影響陽明對於詞彙指涉的概念。體用既然是一，萬事萬物又不外於體用，所以陽明不少用詞皆兼用在體用兩層，也就是依情況或指本體層，或指發用層，或者兩解皆通，不少情況也把完全依循本體的發用以原指本體的詞彙來指稱。例如「知善知惡是良知」（《傳習錄》，第 315），良知比較常用在指稱本體，由於有本體良知，所以在發用層有知善知惡之知，但也可以說，此良知與知對等而用，是指發用層知善知惡之知。另外，「心」更是一個跨體用而用的明顯例子。

這裡須附帶一提的是，既然本體不可聞見，又變化不拘，什麼都不是，則也沒有什麼「特性」可言，但為了試圖要論說它、瞭解它，人就著發用層的種種理解賦予一些描述與稱謂，或許只能說姑且說之罷了。又，既然其變異甚多，說明性質時僅舉例為之恐亦不妥，此僅舉出其要，仍需於文獻中整體的體會之，或可略近其旨。

第三節　心、惡的來源與陽明的人倫世界

一、心統體用、「意」屬於心

「心」是中國思想傳統上重要的語彙與概念範疇。陽明與程頤（1033～1107）、朱熹（1130～1200）一樣，都認為「心」跨體用兩層〔註22〕，除了心

〔註22〕程頤認為：「心一也，有指體而言者，寂然不動是也，有指用而言者，感而遂通天下之故是也，惟觀其所見如何耳。」（《二程集》頁 609《河南程氏文集》卷 9〈與呂大臨論中書〉），心包括體用，但未以心統性情。朱熹則心統性情與體用兼說。朱熹認為：「惟心無對，心統性情，二程卻無一句似此切。」（《朱子語類》卷 98 頁 2513），又說「人多說性，方說心。看來當先說心。」（《朱

字的使用，依其論述脈絡有指涉本體層次，也有指涉發用層次之外，陽明與
朱熹所認為的「心統性情」，也具有把「心」的意涵放到容攝體用、容攝「性」
「情」，並具有「主宰」意義的地位。如此一來，心不僅是本體「性」、「理」
的發用，亦同時具有「可以自己做決定的能力」，此「可以自己做決定的能力」
關係到所謂的善惡，關係到人之不同於依照程式而行的機器，以及不同於禽
獸之特殊處，是發用層之種種的重要影響因素。這些發用層的種種，在陽明
體系中，包括了「意」、「念」、「思」、「情」、「知」、「物」……等等。例如陽
明說「知是心之本體，心自然會知」（《傳習錄》卷上第 8），此前一「知」字
是指本體良知，而後一「知」字指發用層包含於心的指涉之內的「知」。而「喜
怒哀樂之與思與知覺，皆心之所發，心統性情」（《全集》卷 4 頁 146〈答汪石
潭內翰〉），則是把情、思、知覺置於心的範圍內。又如：

> 心者身之主也。而心之虛靈明覺，即所謂本然之良知也。其虛靈明
> 覺之良知應感而動者謂之意。有知而後有意，無知則無意矣〔註23〕。
> 知非意之體乎？意之所用，必有其物，物即事也。（《傳習錄》卷中
> 第 137 條）

「意」之體為良知，而良知為心之虛靈明覺，實即是心，故「意」亦是運用
在「心」的範圍之中，但與良知不同〔註24〕。而「物」既是「意」之所用，
自然亦是屬於「心」的範疇，又因「意」之所用換言之即是「事」，故，陽明
所謂的「物」，便是指的「事」。「意」屬於「心」，常與「意」連用的「念」，
在陽明也是未特別去區分〔註25〕，其用法等同於「意」，也是屬於「心」。例

子語類》卷 5 頁 91）、「伊川性即理也，橫渠心統性情二句，顛撲不破。」（《朱
子語類》卷 5 頁 93）、「心便是包得那性情，性是體，情是用。心字只一個字
母，故性情字皆從心。」（《朱子語類》卷 5 頁 91）。而陽明則說：「喜怒哀樂
之與思與知覺，皆心之所發。心統性情，性，心體也，情，心用也。」（《全
集》卷 4 頁 146〈答汪石潭內翰〉）。

〔註23〕此「知」字指本體層次的良知。

〔註24〕「意與良知當分別明白。凡應物起念處，皆謂之意，意則有是有非，能知得
意之是與非者，則謂之良知。依得良知，則無有不是矣。」（《全集》卷 6 頁
217〈答甘泉〉）。

〔註25〕關於此點，特重誠意之學的劉蕺山（1578〜1645）並不以為然。蕺山言：「先
生每以念字與意字合說，恐念與意終有別。」（《劉子全書遺編》卷 13〈陽明
傳信錄三〉頁十八，又見《明儒學案》卷 10）。蓋蕺山認為，「意者心之所存，
非所發也。」（《劉子全書》卷 10〈學言上〉頁二十六），「身既本於心，心安
得不本於意，……此心之存主必有善而無惡矣，……必於此而不於彼，正見

如陽明說「爾那一點良知，是爾自家底準則，爾意念著處，他是便知是，非便知非，更瞞他一些不得」（《傳習錄》卷下第206）、「有習心在，本體受蔽，故且教在意念上實落為善去惡」（《傳習錄》，第315），都是意念運用不分。另外，在多處文本中，「念」的用法與「意」類似，例如「私意」與「私念」（《傳習錄》，第202「非本體之念即是私念」），例如「有善有惡意之動」（《傳習錄》，第315）與「善念發而知之，而充之，惡念發而知之，而遏之」（《傳習錄》，第71），又如「意之所在便是物」（《傳習錄》，第6）與「吾心發一念孝親，即孝親便是物。」（《傳習錄》，第83）等等。而「念」又與「慮」連用，雖字義上略有不同，也是未特別將之區分，如《傳習錄》，第324：「念慮之精微，即事理之精微也。」

　　心之發用層已如上所述，接著來看本體層。陽明關於心之本體的論述是其思想重要的特色之一。他把許多概念皆放到本體來論述（見註18），且把工夫指向心之本體〔註26〕，此是在其體用一源與強力運用體用體系解釋各個概

其存主之誠處。故好惡相反而相成，雖兩用而止一幾，……，「意」字看的清，「幾」字才分曉，「幾」字看得清，「獨」字才分曉。」（《劉子全書》卷19〈答葉潤山四〉頁四十九），「意根最微，誠體本天，本天者，至善者也。」（《劉子全書》卷12〈學言下〉頁十八），「好惡雖兩用而一幾，若以所感時言，則感之以可好而好，感之以可惡而惡，而惡方有分用之幾。然所好在此，所惡在彼，心體仍是一個，一者誠也，意本一，故以誠還之，非意本有兩，而吾以誠之者一之也，心可言無善無惡而以正還心，則心之有善可知，意可言有善有惡，而以誠還意，則意之無惡可知」（《劉子全書》卷12〈學言下〉頁九），而認為念是「心之餘氣，餘氣也者，動氣也。……故念有善惡，而物即與之為善惡，……念有昏明，……念有真妄，……念有起滅，……故聖人化念歸心。」（《劉子全書》卷11〈學言中〉頁十一）。在此，蕺山以誠為本體，不認為意是心之所發，認為心本於意，把意放到至善而以「幾」字做好惡分用的關鍵，而把念視為負面因素的來源之一，與「意」有所區分。此與陽明最大的區別在於，在陽明的理路中，「誠」亦是本體，「意」之符合本體發用之良知是誠之意，否則即是負面的「私意」，使意符合本體發用之良知的工夫，即是「誠意」工夫（「誠字有以工夫說者，誠是心之本體，求復其體，便是思誠的工夫」《傳習錄》第121），「念」亦是類似而不特別與「意」區分（「善能實實的好，是無念不善矣，惡能實實的惡，是無念及惡矣，如何不是聖人？故聖人之學，只是一誠而已」《傳習錄》第229），「意」與「念」在陽明皆是原不具有好或壞的價值意義，發用意念之好壞決定於是否符合良知本體發用之好善惡惡之知（「曰『如好好色，如惡惡臭，安得非意？』曰『卻是誠意，不是私意，誠意只是循天理』」《傳習錄》第101），故陽明不需如蕺山做意是善、念是有善有惡而要化念歸心這樣的區分與安置。

〔註26〕如「須於心體上用功」（《傳習錄》第31），「復其心體之同然」（《傳習錄》第

念範疇之下所形成的結果。在體用一源之下，許多發用層的形容，在有此發用必有此本體之下，成爲也是本體描述上之「性質」、本體之代稱，如「定者心之本體」（《傳習錄》卷中第 156）、「誠是心之本體」（《傳習錄》卷上第 121）等。而其與常被論及的「性」、「理」的關係，是同爲本體，故即是等同。陽明說「心之本體即是性，性即是理」（《傳習錄》，第 81）。至於良知，亦是與心體等同之指涉，且等於「性」。例如《傳習錄》中，薛侃（1517 年進士，陽明門人）問「知如何是心之本體？」，陽明答曰「知是理之靈處，就其主宰處說便謂之心，就其稟賦處說便謂之性」（《傳習錄》，第 118），說明本體「良知」與「心」與「性」只是指稱的角度不同，其實是同樣的本體。而心體既是本體，也有與前文所述之本體相同的「性質」，是無形無象、無法言說的，是全是一，是無時無刻不在，以及是作爲最終價值根源的等等。

　　在心之本體的這些「性質」中，作爲最終價值根源而不可以善惡稱，就是心之本體的「無善無惡」，但在發用層的種種，卻有所謂的惡。這就牽涉到所謂善惡的定義以及惡的來源的問題了。何以心體無善無惡，而有所謂善惡的產生呢？又爲什麼還說「至善是心之本體」呢？

二、理之必然性、心之決定能力以及惡的來源

　　陽明爲人所熟知的所謂的「天泉證道〔註27〕」中的「四句教」說：

> 無善無惡是心之體，有善有惡是意之動，知善知惡的是良知〔註28〕，
> 爲善去惡是格物。（《傳習錄》卷下第 315 條）

而王畿（龍溪 1498～1583）以爲，「此恐未是究竟話頭。若說心體是無善無惡，意亦是無善無惡的意，知亦是無善無惡的知，物亦是無善無惡的物矣，若說意有善惡，畢竟心體還有善惡在。」（《傳習錄》，第 315）此即所謂的「四有」與「四無」之說。陽明自言「四無」「四有」是分別爲教「利根人」與「其次」的人所用的（同前），若各執一邊，便有失人，故說講學以其所說的四句教法爲準，不可失其宗旨。

　　配合陽明思想的其他部分來理解此段話，蓋陽明認爲，天地間原無所謂

142）等，此類甚多，是陽明一貫之意。

〔註27〕王畿（龍溪、汝中，1498～1583，陽明門人）天泉證道紀：「陽明夫子之學，以良知爲宗，每與門人論學，提四句爲教法，『無善無惡心之體，有善有惡意之動，知善知惡是良知，爲善去惡是格物。』」（《王龍溪全集》卷 1 頁一）

〔註28〕此處「知」爲發用層，「良知」可做發用層亦可做本體層理解。

的善惡。所謂善惡，皆是由「人」而來，從人的角度去看而有了價值標準，據價值標準去判定而有善惡。形容本體所使用的「無」「善」、「無」「惡」、「善」、「惡」等皆是人的語彙，不是本體層次，也皆是由人的定義而來。如果把判斷它的「人」抽掉的話，「天地生意，花草一般，何曾有善惡之分？」（《傳習錄》卷上第101）。然自本體以至莫非本體之呈現的「意」、「知」、「物」，雖本體什麼都不是，不具有善惡價值，雖所謂的發用層，在價值上也原本（在沒有「人」的判斷下）是不具價值意義〔註29〕，但因為「意」、「知」、「物」皆因人而有，且必然因人才有，而所有價值亦是因人而有，故「意」、「知」、「物」皆於發用之當下有了價值意義上的善惡。若再從另一角度說，作為標準者，本身是最標準的，故是至善，但同時因為作為標準，故在這個標準上它沒有其他參照之比較以衡量它標不標準，因此，在本體被作為善惡標準之下，它本身無法以善惡稱之，它本身是沒有善惡可言的。故，若就本體作為標準而言，它作為標準是無法以善惡稱之的。若就善惡價值因人而有來說，去除人的因素之後，本體本身是本然不具價值意義的（也就是無善無惡），此是究竟義〔註30〕。故說，四無句是為利根人直究根源而說。

〔註29〕此雖然似乎可說是發用層在價值上是中性的（例如，某甲把一個杯子由桌子左邊移往右邊，就觀察這個現象而言，純然只是杯子由左邊移到右邊，在價值上並無善或惡，但是，若是右邊坐了一個某乙，移到右邊的杯子使乙感到某甲是讓乙方便拿到杯子，乙便認為杯子由左移到右這件事是善的，但是，乙若是認為移到右邊的杯子影響了乙的桌面使用空間，乙可能判定這件事是惡的。若再就甲的角度看，可能移杯子只是順手的反應，原無他意，但若是甲察覺此行為對乙產生了好壞，甲便也對此行為產生了較明確之善惡感。故可能可以說，原本價值意義上是中性的，善惡是在人對它的判定），但因為所有價值皆因「人」而有，故抽掉「人」而論時，是不具價值意義的，但只要「人」放進去討論時，便有「知是知非之心」而有價值上的對錯，故不是且不宜以價值上的中性意義稱之。以此處所舉之例而言，「觀察這個現象」，也是有個「人」在，之所以誤以為此事在價值上是中性，乃因就這個觀察者而言，他對此事的判斷並非「非」，同樣的，甲之順手將杯子移到右邊，也是在「不認為」是「不對」的狀況下所做的，也就是此時「知是知非之心」自然而然覺知這是對的，只因在矛盾衝突比較大的時候，人才比較容易察覺此「知是知非之心」的作用，比較容易認知到明顯的「善」與「惡」，而在平日生活並無較大衝突之下自然而然做出來的「是」、「對」，也就是「善」，並不被清楚的察覺到它就是對的、善的。就像空氣一樣，平日時時都在的，在缺乏空氣時，才會明顯去察覺到空氣之在與不在。因此，價值上是不宜以中性意義稱發用的種種。

〔註30〕若再更進一步說，此兩義雖是同一件事的不同面向，但無法以善惡稱之的說

　　在此兩意義之下，因人在發用上的「決定〔註31〕」，有了善惡之分。依陽明的理論，善惡的標準是「本體」，也就是「良知」本體，也就是「天理」。在以「本體」為標準之下，因為是作為標準，故以正面且終極的「至善」稱之。而本體之發用（心的發用面），因為人「心」具有之「可以自己做決定的能力」（此亦天理使然），可以做選擇，可以加己意〔註32〕，可以執意為之（即所謂「有著」），加上發用層的「物」（也在心中）對心（自己可以做決定的部分）的影響，使得心之決定有了不符合〔註33〕由良知本體應物而發的知是非

法較為符合體用體系，不具價值意義的說法較為終極。因體用體系以「體」作為指稱無法見聞、難以理解的最終價值根源，是體用體系上，「體用」區分之基本目的之一，故在體用體系中，「體」以最終的價值根源來理解，也就是以「至善」來理解，比較合宜。而因為是價值根源，作為價值之判斷標準，故同時也是無法以善惡稱。至於說若價值意義因人而有，本體（與萬物所同有）本不具價值意義，是進一步把人抽出來，回歸天地本然渾然一體之無區分狀態，沒有體用，沒有善惡，是更為究竟之義。陽明以體用系統為主，故以「無法以善惡稱」本體來理解「無善無惡」為宜，但無法知道陽明是否有更進一步的「不具價值意義」的理解。若就四句教的討論來看，陽明說錢德洪須透汝中所說的本體，而錢德洪進一步請問本體之義時，陽明答：「有只是你自有，良知本體原來無有，本體只是太虛。太虛之中，日月星辰，風雨露雷，陰霾饐氣，何物不有？」（《全集》卷35年譜三丁亥，頁1306），原來討論的主題是善惡，而陽明此處是以萬物之有無的解釋作為回答，則陽明對於價值與存在的解釋都是以此本體太虛原來無有，無有中又無不有，來作為解釋，如此，在價值最終極的理解上，似亦有「不具價值意義」的理解。

〔註31〕此「決定」二字，部分含有「自由」、「選擇」的意思。之所以不用「自由」或「選擇」，乃因「自由」帶有相對於「某種條理或規範命令」的意思，帶有自這些條理規範解脫出來或不受其約束的意思，而「選擇」亦是帶有從某些既有東西上二擇一，三擇一，或多擇一的意思，具有有被動意味。此兩者皆與陽明之人心的「主宰」義不甚合，亦與「心即理」義失之毫釐，故使用「決定」二字。又，西洋哲學上論「自由」者不乏其人，其意各殊，此處所稱之「自由」如此處所作之解釋，不與其他論述相涉。

〔註32〕即所謂「私意」。此處「私」並不是指關於個人與群體之間的問題，而是強調人自己所加的意，相對於萬物一體、流行於天地間之理之相對性的「公」而言。

〔註33〕此處必須說明對於良知之「符合」、「順應」、「展現」……等等語詞的差異性。「符合」與「順應」，在意義上似乎含有「遵循一外於此的」條律的意思，亦即似乎是「意」去「符合」、順應」像尺一樣的「良知」。而其中「符合」偏向以「意」為主角去看良知這個標準，「順應」則偏向以「良知」為主角，「意」去順從它。此兩說法義理上近於朱熹的「性即理」。至於若以「意」為良知之「展現」稱之，則意義上「意」與「良知」是同一物，亦即近於陽明的「心即理」。然深究之可知，良知在發用層應物「當下」所展現的「知是知非」之

之「知」（因其作爲標準，故稱「良」）所判定的「是」的狀況，故有此（屬於心之）「意」的惡〔註34〕，但若符合此知是非之「知」所判定的「是」，則稱爲「善」，故而有「有善有惡」的「意」。又，爲了使「意」與發用層的種種符合此「知」的「是」，以達所謂的「善」，而有「格物」的工夫。「格」者「正〔註35〕」也，「正」即是指使「意之所在」（「物」）符合「知」之「是」而達「善」，也就是所謂的「爲善去惡」。因此，才有所謂的「四有」之說。這也是較接近一般人觀念的說法。

在陽明中，心的「可以自己做決定的能力」是陽明所強調的。陽明屢提

知，雖即是「好善惡惡之意」，但，僅僅止於「當下」，而每個當下所「體會」、「體驗」到的，在該時刻之後，便必然或多或少的轉爲「概念」、「觀念」，而成爲修養行爲的指導方向，則，若就某個短暫片刻的切片來看，在此瞬間片刻之前，行爲之驅動，便是去「符合」這些「已概念化的」良知，故有「性即理」之意含，而在該片刻的「當下」，「知是知非之知」當下而有，此即「心即理」之意含。而此當下而有的「知是知非」之知，又加入成爲下一個瞬間片刻意念的指導概念，來指導與修正意念，而修正的方向，便是去除不與這些良知概念合的私意，使得「自己能做決定之意」（而這便是可以產生所謂惡的因素），與良知之意完全的等同（這可以稱做「順應」，陽明也說依著良知做去〔《傳習錄》第206〕，當自己的私意無時無刻都全去除時，則意念便無時無刻不是這些「知是知非之知」（也就是好善惡惡之意）的「展現」（也就是純然是天理的發用流行），既然發用完全是本體自然之發用，毫無扭曲阻礙，也就是本體之復（復本體的另一義是能達到未應物發用時的本體狀態、冥契狀態）。因此可以說，「符合」、「順應」、「展現」，是同一件事的瞬間變化，是必然都有的，只是朱熹把重心放在概念化的「知是知非之知」上，勉力去遵循，而陽明把重心移到更爲根本的、當下的「知是知非之知」上，其間的差別是細微的（故爭論很多），但在意義上，是義理整體大致相同下的立足重心、根源之轉移。附帶說明的是，本書中並不是每個地方都需要討論到如此細節，故在此方面，「符合」良知、「順應」良知、良知之「展現」兼用，皆指本註所述意旨。

〔註34〕就發用層的角度看去，是有「過與不及」、「不正」、「忿懥好樂」等等，而就本體層的角度來看，就是本體「被」「蒙蔽」，本體「昏蔽」、「昏迷」等等。惡本身不具絕對意義，之所以稱之爲惡，是因爲違反了知是知非之知，而其實它亦是本體之發用。另外，《傳習錄》卷下第326也可作爲此之輔助瞭解：「問『聲色貨利，恐良知亦不能無。』先生曰『固然，但初學用功，卻須掃除蕩滌，勿使留積，則適然來遇，始爲不累，自然順而應之，良知只在聲色貨利上用功，能致得良知精精明明，毫髮無蔽，則聲色貨利之交，無非天則流行矣。』」

〔註35〕「物者，事也，凡意之所發必有其事，意所在之事謂之物。格者，正也，正其不正以歸於正之謂也。正其不正者，去惡之謂也。歸於正者，爲善之謂也。夫是之謂格。」（《全集》卷26〈大學問〉頁972）

本體如明鏡（如《傳習錄》卷上第 21、62、《傳習錄拾遺》，第 42 等等），只應物而不滯於物，且種種發用皆應物而有，物去而不存，亦不對心有所強制，但卻照得是非分明，容不得一絲偏差，此是良知本體，而其應物所照出之是非之心，即是發用層的良知之知。常人之明鏡亦無時不在，但有所謂「斑垢駁蝕之」（《傳習錄拾遺》，第 42），而成「昏鏡」（《傳習錄》，第 62）。明鏡本體應物所照得的「是非之知」不彰顯，所以心不順著本體發用而做決定，而產生是非之知上的「非」的判定，故成為惡。在陽明，本體如明鏡，不受發用層干擾，也不約制、命令發用層的意志，且，所謂的惡都是定義在「過與不及」、「有著」、「私意」等等心之意志可以決定之類上，例如陽明說，「意念之發，吾心之良知既知其為善矣，使其不能誠有以好之，而復背而去之，則是以善為惡，而自昧其知善之良知矣」（《全集》卷 26〈大學問〉頁 972），即是說明（察覺到良知作用的）「知道」與「決定」﹝註36﹞是不同的，再加上陽明屢屢提到的心的「主宰」義等，故心的「可做決定的能力」是不容置疑的。若就「心」也是在天地萬物之間，也莫非在體用之內而言，則心既是本體之發，「必依循」本體之理，而沒有可以「自己做決定」的成分存在才是，對於此點，陽明只解釋到人心是特殊的兼統體用兩層，人心之一點靈明是天地「發竅之最精處」（《傳習錄》，第 274），而此一點靈明包含了「良知」與「可做決定的能力」（也就是主宰義）。其中「知是知非之知」（發用層的「良知」）是本體自然而發的，可以理解，但對同樣是依循本體應有之理而發的心之意志，為何有「可以自己做決定」的成分（主宰義），陽明並沒有作進一步的解釋，此點也只能當作不可否認的假設。或者，我們亦可理解為，既然本體什麼都不是，且本體可以是任何東西，那麼，此「具有決定能力」之「心」，便亦是依循本體之理所發用（發竅）的「東西」。「心」所依循的本體之理，是「心具有不依循其他本體之理的能力」（而本體之萬理又莫不在心中），則「心」是本體，同時也是依循本體之「理」而發用的，具有決定能力的「東西」。也因為它是依循本體而有，故「心」的這種能力，無論做了什麼決定，亦皆是天理本體所發﹝註37﹞。此即是「心即理」之義，亦是「無善無惡」之義。然

﹝註36﹞此與知行合一所說的「行」意思不同。參考第三章註26。
﹝註37﹞故此處便無所謂「理之必然」與「自由是可以不循理」的矛盾。又，涉及存有終極根源的「本體」本來就不是人可思議的東西，「本體」之發用、發竅之某些「理」及某些發用現象之不可思議，應該也不令人意外。

而，由此心之「能做決定的能力」表現在發用所做的「決定」（意），未必與同樣是本體所發的、且也同是屬於心的「知是知非之知〔註38〕」的「是」一致，故產生了「知是知非之知判定此決定爲非」的狀況（且同時心中亦有不安的狀態）。至於此由本體而發的「知是知非之知」，由於它並不對心之決定能力產生強制力（但可以說有影響，例如同時發生的心不安），加上「惡」是定義在過不及、定義在產生「非」之判定的「知是知非之知」上，並無絕對的意義，故就此兩角度看，並無「本體善之理的必然」與「發用層惡之產生」的矛盾存在。進一步來看，在陽明，「心」所具有的「能做決定的能力」，並非一種隨機亂數，因爲它是本體所發，故其作用莫非天理，也就是此「能做決定的能力」所做的決定，皆是循「心能自己做決定」的天理而發，又因它的能力是特別的「做決定」，故說這些決定是依循天理的同時，它也同時「就是」天理。只因本體之發用並非如此單純，應物時心中同時有知是知非之心、有相應之情等等，依各種狀況而有適當的發用，而當此心之「能做決定的能力」所做的「決定」，使得同樣是天理的「知是知非之知」知其爲「非」，才稱其爲「惡」。總之，未應物做決定前，是本體狀態，無法以善惡稱，凡應物必有決定〔註39〕，便產生「知是知非之知」的是與非，所以，所謂的「惡」，就是心的「決定」在決定的同時（或是看到別人依其決定所表現出來之行爲的同時，自己心中）所產生的「知是知非之知」的「非」，故稱其爲「惡」。

既然體用一源，既然發用層莫非本體之發用，則所謂「心」的決定不合「知是知非之知」的價值標準之方向，是從何而來？亦即，惡的來源從何而來？在陽明，萬物莫非本體之發用流行，而天地萬物「發竅之最精處，是人心一點靈明」（《傳習錄》，第274），此靈明即是「良知」與「可做決定的能力」，由本體良知而發的此包含於心之發用層的「知是知非」之「良知」，與心之「可做決定的能力」同時在於心中〔註40〕，但良知僅作爲心做決定時與決定同時

〔註38〕「知是知非之知」（屬發用）與「可以自己做決定的能力」（屬本體，它表現在發用的「意」上）」俱在心中，討論上分說，實際上是合在心中。

〔註39〕所謂不做決定亦是一種決定，發用層必是落到某個具體的東西、狀態，不是像本體什麼都不是。

〔註40〕此同孟子所謂「人之所以異於禽獸者幾希」（《四書章句集註》頁293〈孟子離婁下〉）之意。人有知是知非之心，且有可做決定之能力，所以可以決定做所謂的善，不然，若只是像程式般依循原理原則而做，不是由於知是知非以及決定抉擇，則如禽獸亦有愛子之慈，也有互助合群之行爲，但也有互相殘殺之舉，皆非道德之所謂善惡。

而有的依據之一，良知亦只是本體應物發用的一個面向，發用層的種種，如生理之欲，如環境、事物造成的刺激，雖都是本體之自然發用，但是，在這些發用層的東西「同時」在的情況之下，構成一個整體的情境、場合、狀況，而心在任何一個狀況下，下決定會受此狀況下的這些因素所影響，而做出決定之後，便只能是一種決定，有所肯定必同時即有所限制，於是，此決定便同時有了與良知合與不合的問題產生，便有了「廓然大公」與「私意」的區別，而良知便同時有了明與不明，不被蒙蔽與被蒙蔽的區別（就其不與良知合來看，亦可說是良知不明、良知被蒙蔽，反之則是明、不被蒙蔽），此便是善與不善。而所謂惡的來源，即是此就人的角度來看，原無法以善惡價值稱的萬物、原無法以善惡價值稱的食色生理之欲（因為皆是本體之所發，其價值定位等於本體，而本體作為價值標準，無法以善惡稱，同時又因為是標準，故也是至善）以及人自己所添加的種種私念（也是意）所組合的總體，對心最後之決定（意）造成了影響。由此，我們更可以明白所謂的「無善無惡」之「原本無法以善惡價值意義稱之」的意思，由此，也可以明白何以「性」可以作為發用層的指涉〔註41〕，也可明白何以歷史上許多思想家非常重視後天之養成與熏習，荀子是其代表，而陽明亦然〔註42〕。

　　有了如上的瞭解之後，繼續所要問的便是，何以人會需要以某個方向作為價值的方向而定義其為善呢？亦即，陽明為何會以本體良知作為價值的標準呢？此問題留待第三章第四節之四再來討論。以下先繼續來看陽明學說的另一特色──萬物一體。

〔註41〕「問『古人論性，各有異同，何者乃為定論？』先生曰『性無定體，論亦無定體，有自本體上說者，有自發用上說者，有自源頭上說者，有自流弊處說者，總而言之，只是這箇性，但所見有淺深爾，若執定一邊，便不是了。性之本體，原是無善無惡的，發用上也是原可以為善，可以為不善的，其流弊也原是一定善一定惡的。』」（《傳習錄》卷下第308）包含食色之欲等，蓋皆出於本體之發用，故以性稱之並無不可。而流弊之一定善一定惡，乃因良知判別之是非分明，不容有差。

〔註42〕例如「每日工夫，先考德，次背書誦書，次習禮，或作課倣，次復誦書講書，次歌詩，凡習禮歌詩之類，皆所以常存童子之心，使其樂習不倦，而無暇及於邪僻。」（《傳習錄》卷上第200）陽明最重視的是內在的心，但陽明也認為，「人心自有知識以來，已為習俗所染」（《全集》卷35年譜嘉靖六年九月，頁1307），故一方面陽明不斷破除聞見之知，破除聞見習性對心的不良影響，另一方面，也希望藉由多接觸好的方面，如禮樂，減少接觸不良的方面，以培養正確的方向。

三、萬物一體與以人倫世界為主的世界觀

「萬物一體」是陽明體用體系中重要的理論。此說莊子與僧肇（384～414）即已提過，但意涵不同，而在宋明儒學中，首先把此語當成思想中重要部分的，是程明道（1032～1085）。到了陽明，則是另一個重視的高峰〔註43〕。

陽明所謂的「萬物一體」，主要是與「仁」一起談。在〈大學問〉中，陽明答所謂大人之學在明明德〔註44〕說：

> 大人者，以天地萬物為一體者也，其視天下猶一家，中國猶一人焉，若夫間形骸而分爾我者，小人矣。……為大人之學者，亦惟去其私欲之蔽，以自明其明德，復其天地萬物一體之本然而已耳，非能於本體之外而有所增益之也。（《全集》卷26〈大學問〉頁968）

繼而回答何以在親民：

> 明明德者，立其天地萬物一體之體也，親民者，達其天地萬物一體之用也，故明明德必在於親民，而親民乃所以明其明德也……以達吾一體之仁，然後吾之明德始無不明，而真能以天地萬物為一體矣。夫是之謂明明德於天下，是之謂家齊國治而天下平，是之謂盡性。
>
> （《全集》卷26〈大學問〉頁968）

關於止於至善，則說：

> 至善者，明德、親民之極則也，天命之性，粹然至善，其昭靈不昧

〔註43〕此說見島田虔次《朱子學與陽明學》頁29，頁87。又，莊子語見〈齊物論〉：「天地與我並生，萬物與我為一」（《莊子集釋》頁79），惠施也說：「氾愛萬物，天地一體也」（《莊子集釋》〈天下篇〉頁1102），僧肇語見《肇論》之〈涅槃無名論九折十演者妙存第七〉：「玄道在於妙悟，妙悟在於即真，即真則有無齊觀，齊觀則彼己莫二，所以天地與我同根，萬物與我一體。」（《肇論肇論新疏》頁84）。明道語則為：「仁者以天地萬物為一體，莫非己也，認得為己，何所不至？若不有諸己，自不與己相干，如手足不仁，氣已不貫，皆不屬己，故博施濟眾，乃聖之功用。」（《河南程氏遺書》卷2上，《二程集》頁15），又如「仁者渾然與物同體，義禮知信皆仁也，認得此理，以誠敬存之而已，不須防檢，不須窮索。……此道與物無對，大不足以名之，天地之用皆我之用。孟子言『萬物皆備於我』，須反身而誠，乃為大樂，若反身未誠，則猶是二物有對，以己合彼，終未有之，又安得樂？」（同前頁16）然而雖是同樣的用語，莊子、惠施與僧肇的意旨與明道不同，明道此語與孟子有關，陽明之論述也受孟子、明道很多影響，意旨也是孟子一路，故用字雖同，但孟子、明道、陽明是一個脈絡，不與莊子、惠施、僧肇同。

〔註44〕《大學》：「大學之道在明明德，在親民，在止於至善。」（《百陵學山》《大學古本旁釋‧大學古本》，頁一）

　　者，此其至善之發見，是乃明德之本體，而即所謂良知也……故止
　　至善之於明德、親民也，猶之規矩之於方圓也，尺度之於長短也，
　　權衡之於輕重也，……，明明德、親民而不止於至善，亡其本矣。
　　故止於至善以親民，而明其明德，是之謂大人之學。（《全集》卷26
　　〈大學問〉頁969）

總體的來看陽明對於明明德、親民、止於至善之所謂的大人之學所說的各段
結論，是以萬物一體的本體貫串全部的解釋。在〈大學問〉中，陽明所認為
的萬物一體，也就是萬物有共通、共同的本體。在此萬物有共同、共通的本
體之「萬物一體」下，本體，也就是「仁」，是人人本具有的，故「大人之能
以天地萬物為一體也，非意之也，其心之仁本若是，其與天地萬物而為一也，
豈惟大人，雖小人之心亦莫不然，彼顧自小之耳。」且在此與天地萬物共同
本體之下，此等於仁的本體，也就通於萬物的本體，故人對於孺子、鳥獸、
草木、瓦石會有惻隱、不忍、憫恤、顧惜之心。而此本體不會因為私欲之蔽
而有所減損，且小人亦有，小人與大人之分，僅在私欲之有無與否。此本體
即是所謂的明德，而復此本體，即是所謂的明明德。故明此明德即是「立其
天地萬物一體之體也」，體既立、既明，接著便是討論其發用。本體明，自然
在發用上要達用，而在陽明，發用上的達用是指向人倫面的親民，是以「親
民是所以明其明德也」。於是，在達用上，親於人己之君臣、父子、夫婦、兄
弟、朋友以至天地萬山川鬼神鳥獸草木這些與己同一本體的種種，便是本體
明且「達其天地萬物一體之用也」。明本體而達用，有其適當之呈現、表現，
方是真明本體且符合順應本體之發用，而此衡量之準則，即是內於吾心、不
須「以為事事物物各有定理」而外求的、與「仁」同為本體且內在於人的「良
知」本體，也是同為本體之「至善」本體，而其表現即是至善之表現。故說
「明明德、親民而不止於至善，亡其本矣。故止於至善以親民，而明其明德，
是之謂大人之學。」

　　《傳習錄》中多章所談萬物一體亦是此意。所須注意的是，「以天地萬物
為一體」（例如《傳習錄》，第182）之「以」字，是就由萬物一體之本然而有
之發用層的萬物一體之念而說，故用「以」字，而非刻意把萬物當作是一體
的。此在〈大學問〉中陽明已說，所謂「大人之能以天地萬物為一體也，非
意之也，其心之仁本若是」，而《傳習錄》中也說到「萬物一體之念」（《傳習
錄》，第142），其意可明，也更顯萬物一體主旨所在之本體共通、共同義。此

本體共通、共同義，也正是陽明「拔本塞源之論」（《傳習錄》，第 142）的核心。陽明說：

> 夫聖人之心，以天地萬物爲一體。其視天下之大，無外内遠近，凡有血氣，皆其昆弟赤子之親，莫不欲安全而教養之，以遂萬物一體之念。天下之心，其始亦非有異於聖人也，特其間於有我之私，隔於物欲之蔽，大者以小，通者以塞，人各有心，至有視其父子兄弟如仇讎者，聖人有憂之，是以推其天地萬物一體之仁以教天下，使之皆有以克其私，去其蔽，以復其心體之同然。其教之大端，則堯舜之相授受，所謂道心惟微，惟精惟一，允執厥中，而其節目，則舜之命契，所謂父子有親，君臣有義，夫婦有別，長幼有序，朋友有信五者而已。……心學純明，而有以全其萬物一體之仁……此聖人之所學所以至易至簡，易知易從，學易能而才易成者，正以大端惟在復心體之同然，而知識技能，非所與論也。（《傳習錄》卷中第142〈答顧東橋書〉）三代之衰，王道熄而霸術昌，孔子既沒，聖學晦而邪說横，教者不復以此爲教，而學者不復以此爲學……嗚呼！士生斯世，而尚何以求聖人之學乎？尚何以論聖人之學乎？士生斯世，而欲以爲學者，不亦勞苦而繁難乎？不亦拘滯而險艱乎？嗚呼！可悲也已，所幸天理之在人心，終有所不可泯，而良知之明，萬古一日，則其聞吾拔本塞源之論，必有惻然而悲，戚然而痛，憤然而起，沛然若決江河，而有所不可禦者矣，非夫豪傑之士無所待而興起者，吾誰與望乎？（《傳習錄》卷中第 143〈答顧東橋書〉）

在前述〈大學問〉的解釋架構下，此拔本塞源之論其意甚明，無庸贅述，此處進一步要看的是，其實，此萬物一體理論之完全傾向人倫方面的論述，與陽明以體用體系所建立的人倫世界爲主的世界觀有密切關係；而在萬物一體理論之下所發展出來的明德、親民、惻隱、孝親等等論述，也是此以人倫爲主的世界觀的論述之一部。我們可以說，在陽明的眼中，所要看的只是人倫的世界，而不重視討論人倫以外、以現在的說法所說的客觀的自然世界。而此所形成的理論與印象，也正是陽明往往被作爲心學的代表之一，被以所謂唯心主義者稱之的主要原因之一〔註45〕。

　　陽明認爲，天下萬物莫非本體之發用，本體同於良知，故天下萬物「俱

〔註45〕例如馮有蘭《中國哲學史》、侯外盧《中國思想通史》等。

在我良知的發用流行中」(《傳習錄》卷下第 269)，而陽明所指稱的「物」，是「意之所發必有其事，意所在之事謂之物」(《全集》卷 26 頁 972〈大學問〉)、「凡意之所用，無有無物者，有是意，即有是物，無是意，即無是物矣」(《傳習錄》，第 137)的「物」。而心統體用，就本體而言，萬理皆與心同為本體，萬物皆也是心之本體的發用；就發用而層言，「物」亦是心之「意」之所在，是以天地萬物不外於「心」。因此陽明說，「無心外之理，無心外之物」(《傳習錄》卷上第 6)、「心外無事」(《傳習錄》卷上第 32)。此其中，「物」皆指向人倫世界的事〔註46〕，而所謂萬物一體的大人之學，其達用亦指向人倫世界的「親民」，這些皆是己與人之間的關係。

　　然則，人既生在世間，必與現在所謂的物質世界的「物」有接，而陽明卻沒有碰觸到人與「物」之間的關係？若此，是難具說服力的。或者，是否陽明混淆了「人與人的關係」與「人與物的關係」〔註47〕？此亦不是妥當的說法。

　　陽明對於現在所謂物質世界的「物」的看法，最常被提到的莫過於南鎮觀花一段：

> 先生遊南鎮。一友指岩中花樹問曰：「天下無心外之物，如此花樹，
> 在深山中自開自落，於我心亦何相關？」先生曰：「你未看此花時，
> 此花與汝心同歸於寂，你來看此花時，則此花顏色一時明白起來，
> 便知此花不在你的心外。」(《傳習錄》，第 275 條)

在此篇論述中，陽明處理的便是人與所謂物質世界的「物」的關係。很明顯的，在陽明定義「意之所在」之事物為「物」之下，自然會碰觸到平日一般所認為的非事之「物」，而成為對「物」的定義的質疑。而陽明在此是把物質之「物」亦收置於「心」的範疇中。陽明所持的理由是，人未觀花時，此花與心同歸於寂，也就是未觀花時，在關於花的方面，心是寂然不動之本體，並未有發用層的感知而知道、感覺到花的顏色與形象，因此心中並無此花。而不論心所不知之「心外」(就感知而言未感知，故在心外，就本體層次而言

〔註46〕陽明所舉的例子也都是人倫事物，如《傳習錄》第 83：「吾心發一念孝親，即孝親便是物。」

〔註47〕陳榮捷在其英譯本傳習錄的導言中說：「從哲學方面說，王陽明的立場是薄弱的，因為他完全忽略客觀的研究並將實在與價值混淆，傳習錄的讀者會發現，王陽明的唯心論的確是非常幼稚的。」(轉引自劉述先《朱子哲學思想的發展與完成》頁 491)。

仍是心內）有沒有花，人都無法知道，對於人而言，不論有否也都等於沒有，故可以說心外無花，心外無物。但若就本體層次看，萬物本體皆同，雖感知層次無花，人心與花皆是同此本體，故可以說心等於花，便亦是心外無花，心外無物。因此，陽明並未直接說明未看花時花之在與不在〔註48〕。蓋於陽明，其可以討論的面向之一，是就心之所見論其見與不見，另一面向則是就本體來說，以說其時時都在，但因為絕對的存在與不存在之定義與問題，並非陽明學說所關心的問題，這在其學說目標便可看出，因此陽明只就其所重之處討論從心之感知而言的在與不在。而陽明把人倫之事定義為物，並把物質之物收置到以人可否感知的角度來談，是因重視人倫世界而完全以人倫世界為出發點的角度所致。

　　陽明在此有觀花與不觀花之區分，花之顏色之朗現勢必不是自己所幻想的，且陽明也每每提到發用之「應物」，則，雖「物」皆由於「心」而有意義，然若無「外於心」之物，難道所有應物皆是自己之幻想？又豈有應物之稱？且陽明在此並未直接認為不觀花時花之不在，則陽明勢必意識到仍有非己所感知之所謂「外於己」的「花」，作為觀花「應物」時所應之「物」。故在陽明中，實非混淆「價值」與「存在」，而是將對於物質世界的「物」的討論、對於所謂存在的討論，限定在他所關心的、由人心出發的角度上來談，且偏重在與價值判斷的連結，而不去談「外於」（而其實仍內於）人心的虛玄之存在。「外於感知之心」之存在，雖亦可由本體來說，但就陽明所重視的方向的而言，對於人並不具太大的意義，此是其「心外無物」之意旨，而此乃與儒家重視「人」世間的傳統傾向、重視修身養性的傳統傾向息息相關。此是對此議題理解的一個角度。若再就稍前所提到的，未觀花時感知層次雖無花，但心與花之本體皆同，心之本體仍在，花當然也在，來做進一步思考，則陽明較為終極之意旨，當指未應物時，該物與應接該物之心皆歸於本體，本體本一、本寂、本無分殊、本無色相；而應物時，並非有一物外於體用來作為應物時的觸發來源物，而是應物時所應之物與心之感知同起同滅，起時有物有心，滅時同歸於寂然之本體狀態〔註49〕，物既非心中之幻象，亦非一所謂

〔註48〕此句參考到陳來《有無之境》第三章第三節，心與物。

〔註49〕陽明說，「無聲無臭獨知時，此是乾坤萬有基。」（《全集》卷20頁790〈詠良知四首示諸生〉之四）無聲無臭指的是本體，亦指自己於無聲無臭之心內深處體證到本體，甚至進入冥合本體之狀態，而此本體是天地萬物之共同基礎、共同來源。又如前面曾引的關於本體之描述：「有只是你自有，良知本體原來

─34─

客觀具體之存在而成為心的應接對象。若就此而言,則可說陽明不只是因為重視人倫世界才把討論限定在以人心為主,而是陽明在關於存在的理論上,最終極的理解是,存有之物根本就是依人而起,只是起滅,不具實性,只有從人的角度去看時,本體與由本體而來的萬物才具有實性。既然脫離人世的存在不具實性,而在人世間既然是人世,當然人倫世界才適合作為人生的重心,而確立價值的判斷以成就行為之中節合適,才是一生學問的重點。因此我們可以很確定的說,陽明也有處理所謂客觀世界之存在的問題,陽明的世界觀也不只有人倫道德世界,只是陽明所重視的、主要所討論的是人倫世界。

另外再看幾則陽明關於此之論述,以進一步瞭解陽明的世界觀:

> 人的良知,就是草木瓦石的良知,若草木瓦石無人的良知,不可以為草木瓦石矣,豈惟草木瓦石為然?天地無人的良知〔註50〕,亦不可為天地矣,蓋天地萬物,與人原是一體,其發竅之最精處,是人心一點靈明,風雨露雷,日月星辰,禽獸草木,山川土石,與人原只一體,故五穀禽獸之類,皆可以養人,藥石之類,皆可以療疾,只為同此一氣,故能相通耳。(《傳習錄》,第274條)

> 問「人心與物同體,如吾身原是血氣流通的,所以謂之同體,若於人便異體了,禽獸草木益遠矣,而何謂之同體?」先生曰「你只在感應之幾上看,豈但禽獸草木,雖天地也與我同體的,鬼神也與我同體的〔註51〕。」請問。先生曰「爾看這箇天地中間,什麼是天地的心?」對曰「嘗聞人是天地的心。」曰「人又什麼教做心?」對曰「只是一箇靈明。」曰「可知充天塞地中間,只有這箇靈明〔註52〕,人只為形體自間隔了,我的靈明,便是天地鬼神的主宰,天沒有我

無有,本體只是太虛。太虛之中,日月星辰,風雨露雷,陰霾饐氣,何物不有?」(《全集》卷35頁1306年譜三丁亥)都是說明陽明認為萬物的存在是由變幻、不可聞見的本體而來,同時,有無之間並非如一般人觀念中的截然二分,並非有個固定的「有」與固定的「無」。

〔註50〕此章「良知」指涉本體義,且同為心之本體義。此處因問者以良知問,故陽明以良知答,而良知是本體,本體自是萬物皆有且同。不宜就字面強以是非判斷作為此處良知二字的解讀。

〔註51〕皆同一本體,故。

〔註52〕靈明是對心的形容。心統體用,就本體層而言,心與萬物本體通且同,故充塞天地之間。換個角度,若從物皆因在心上而有、而被人感知而言,天地萬物皆在心上,反過來說便是心充塞了天地之間。

的靈明，誰去仰他高？地沒有我的靈明，誰去俯他深？鬼神沒有我
的靈明，誰去辨他吉凶災祥？天地鬼神萬物離卻我的靈明，便沒有
天地鬼神萬物了，我的靈明離卻天地鬼神萬物，亦沒有我的靈明，
如此便是一氣流通的，如何與他間隔得？」又問「天地鬼神萬物，
千古見在，何沒了我的靈明便俱無了？」曰「今看死的人，他這些
精靈游散了，他的天地萬物尚在何處？」（《傳習錄》，第 336 條）

在此兩篇中，亦是很明顯的說明陽明在本體共同、共通義之下，統體用的心
所含攝的以人心爲出發角度的世界觀，而物質世界的「物」在此角度下被安
置，並未皆與價值有關。在萬物同一本體之下，草木、鬼神便都是具有「良
知」，因爲良知也是本體。而人死後，沒了此發用層的可感知與可判斷是非等
等的心，則萬物鬼神即使有絕對的存在，對於該人而言，也已經不具意義了，
是以人死後他的天地萬物便也不在了。於此，牽涉到一個可能會誤解的心的
個別殊異性與萬物一體的普遍性矛盾的問題。如果死後死的人之天地萬物俱
不在，則相對於活著的人（其天地萬物俱在）而言，顯見心有個別殊異性，
但若說萬物一體且皆在人心，則心與心之間似乎又具有普遍一體性，此兩個
角度看來似乎矛盾。然而進一步思考可知，本體固然是一體同通的，但是心
統體用，仍有著發用層的個別殊異性在，此個別殊異性是否延續到死後並未
可知，而陽明認爲死後這「精靈」是游散了，若游散，則心不在，萬物也就
不在了。即使不游散，即使死後仍有個心，也與活著時的「心」有異，因此，
雖然對於該死後的「心」而言仍有萬物，但萬物對於該「心」之有，對活著
時之「心」而言並不具意義。故，不論死後是否游散，都可以說，沒了我的
靈明，天地萬物俱無了。所以，這其間並無矛盾存在。如果再看陽明所說，「山
川民物，凡有貌象形色，皆在太虛無形中發用流行，未嘗作得天的障礙，聖
人只是順其良知之發用，天地萬物，俱在我良知的發用流行中」（《傳習錄》，
第 269），把民物與山川並提，且都歸屬於本體良知之發用流行，也就是心體
之發用流行，很明顯的，在陽明的思想裏，「他人」亦是歸屬於本體發用之「物」
的。如此，他人之心亦是「一」的本體所發用之「多」的其中一個，自然具
有個別殊異性，但因本體皆同，故人心有所同，皆具有「仁」之體、良知之
體，只是在發用層中，各有各的境遇與習性養成，故人心也是有所不同。如
此，則人心之個別殊異性不與本體層次之普遍一體性矛盾，也就更無疑義。
而這些「他人」，既亦爲本體之發用，也皆在心中，其在心中自各有其位置，

也自然各有對應這些「物」的理，而這些位置之判定標準的來源，也就是本體良知，故雖萬物一體，於應對發用時仍有「厚薄」、形式等等上的差異，因此說，「大學所謂厚薄，是良知上自然的條理」（《傳習錄》，第276）。

　　以下，再看一則陽明的論述，以作為本單元的結尾。陽明說：

　　　　目無體，以萬物之色為體，耳無體，以萬物之聲為體，鼻無體，以
　　　　萬物之臭為體，口無體，以萬物之味為體，心無體，以天地萬物感
　　　　應之是非為體。（《傳習錄》，第277條）

在討論過諸多「本體」、「心之本體」的論述後，此段卻見陽明說「心無體」。在這裡，又回到前面所談的體用一源。陽明說，「這視聽言動，皆是汝心，……所謂汝心，卻是那能視聽言動的，這箇便是性，便是天理……發在目便會視，發在耳便會聽，發在口便會言，發在四肢便會動，都只是那天理發生，以其主宰一身，故謂之心。」（《傳習錄》卷上第122），如此，則《傳習錄》第277條便可把耳目口鼻都改作「心」字，等於是說心以萬物之色、聲、臭、味與是非為體。則，如前所言，雖然所見皆似是外於心之萬事萬物，但萬事萬物無非在心上，而在此章是，雖然萬事萬物皆在心上，皆是心之本體之發用流行，但因體用一源，因本體之不可聞見，所以本體無非是在萬事萬物中而見，亦俱在萬事萬物中。故心無體，心體俱在本體應物而有之顏色、聲音、香臭味道、酸甜苦辣、以及是非對錯中而見，故說心無體，體在應物之上。

　　由以上的討論，我們可以說，陽明所謂的「萬物一體」，一方面是本體的共同、共通義〔註53〕，一方面是萬物皆在心上，既皆在己之心上，故無間隔而為一體〔註54〕。而所謂「心外無物」，也具有兩義，一義是針對〈大學問〉與《傳習錄》等一系列相似的文獻，針對糾正格外物窮理之說所強調的，人事之理不是在心外求，而是原本內於心，心外無意之所在之事的「物」，另一義則是針對現在所謂客觀存在之「物」。在陽明而言，這些「物」皆因「人」而有存在意義，在心上才有物，未應接時不在（感知面的）心上，心與心中

〔註53〕「天下無性外之理，無性外之物」（《傳習錄》第174）也是萬物一體之意，蓋性為本體，「理」、「物」皆與「性」為同一本體，故不外於「性」。

〔註54〕萬物一體另一個可能的解釋是，物與物之間的區分是人所做出來的，如果沒有人去感知它、區分它，則萬物並沒有區分可言，沒有同與不同可言，也就沒有一體與不一體可言，因此也可以說是一個混沌一體的全。不過若就陽明文獻上的解釋來說，陽明重視「心」，此意把人拿掉來論萬物原本的狀態，可能比較不是陽明所要強調的面向。

物同歸於寂。進一步說，本體層次萬物通同一體，不外於心，而心感知「物」時所應之物，根本就是與心同起滅，不具實性，所以說「心外無物」。故「心外無物」兩義所指的「物」，皆是指心中的「意之所在」。而同樣以「體／用」體系為基礎所建構的「萬物一體」與「心外無物」，不論說萬物一體或說心外無物，並非就只是「體」或只是「心」就足夠了，在體用一源之下，體用不離之下，所說的體，所說的心，全都是在應物上而見，且必須是在應物上而見，並非另有個叫做「體」的東西以為萬物之本，或另有個叫做「心」的東西以為萬物之所在。此即是陽明以人倫世界為主的思想體系所構成的，以「人倫事物」為主，但對所謂存在之「物」也有所解釋的「人生世界」。

第四節　功夫及相關概念之關係的綜合討論

在談完良知、本體、心等單元之後，本節將繼續討論工夫的部分，並藉由釐清一些思想概念間的關連性，以助於瞭解陽明的思想體系。

如前所提到的，陽明所說的「物」是指「意之所在」，且主要指的是人倫事物。在工夫上，與「物」的這種認定相配合的「格」，陽明解為「正」。此只是以「體用架構下的萬物一體」為目標的工夫論中的一部分，在代表陽明晚年對其學說所作的較完整的系統性說明之〈大學問〉一文中，陽明對於修身、致知、格物等工夫次第有詳細的闡述：

> 此正詳言明德、親民、止至善之功也。蓋身、心、意、知、物者，是其工夫所用之條理，雖亦各有其所，而其實只是一物。格、致、誠、正、修者，是其條理所用之工夫，雖亦皆有其名，而其實只是一事。（《全集》卷26頁971〈大學問〉）

此處說明格、致、誠、正、修都是達到明明德、親民、止於至善的工夫，而明明德即是「復其天地萬物一體之本然」（同前，頁968），親民是「達其天地萬物一體之用」（同前），而止至善是「明德、親民的極則」（同前頁969），故格、致、誠、正、修皆是達萬物一體之目標的工夫。陽明認為，這些工夫中，為善去惡是修身，而身之主宰是心，故要正心，心之本體是性，性無不善，有善有惡在心所發之意，故必須正此意念，此意念之正，是必須達到好善惡惡如好好色惡惡臭，也就是完全「順應本體自然之發用」，而此，則稱為誠意，但要使意念好善惡惡之前，因為意念善惡錯雜，必須先明善惡之辨才能確實

好善去惡，也就是要先致知，「致者，至也」（同前頁 971），致知即「致吾心之良知焉耳」，而此良知，是「孟子所謂『是非之心，人皆有之』者也。是非之心，不待慮而知，不待學而能，是故謂之良知，是乃天命之性，吾心之本體，自然靈昭明覺者也」（同前）。其中「心」是身之主宰，「意」是心之所發，「知」是良知本體與「知是知非」之知，「物」是意之所在，而工夫上分別對於身、心、意、知、物有修、正、誠、致、格等不同的稱呼，故陽明說，「其實只是一物」、「其實只是一事」（同前）。

　　陽明繼續解釋致知在格物，認爲「欲致其良知，亦豈影響恍惚而懸空無實之謂乎？是必實有其事矣。故致知必在於格物。」（同前頁972），在致知必實有其事的觀點下，「格物」的「物」便解釋爲事，也就是意之所在之事，而「格」字便是將這些意念去惡而歸於善的工夫。去惡而歸於善，便是「正」此意念，故「格」字釋爲「正」。而若確實做到格物的工夫，就如陽明在〈大學問〉末所說的：

> 於其良知所知之善者，即其意之所在之物而實爲之，無有乎不盡，
> 於其良知所知之惡者，即其意之所在之物而實去之，無有乎不盡，
> 然後物無不格，而吾良知之所知者無有虧缺障蔽，而得以極其至矣。
> 夫然後吾心快然無復餘憾而自謙矣，夫然後意之所發者，始無自欺
> 而可以謂之誠矣。故曰『物格而后知至，知至而后意誠，意誠而后
> 心正，心正而后身修。』蓋其功夫條理雖有先後次序之可言，而其
> 體之惟一，實無先後次序之可分，其條理功夫雖無先後次序之可分，
> 而其用之惟精，固有纖毫不可得而缺焉者。（《全集》卷26〈大學問〉
> 頁 972）

由於陽明對「物」的定義與朱熹的不同，所以在工夫上，朱熹與陽明有注重格物致知、存心養性與注重誠意、盡心知性的傾向上的差別。其因乃在於對《大學》格物致知誠意的解釋脈絡上產生問題。《大學》修身以下推論到「欲誠其意者，先致其知，致知在格物。」朱熹註曰：「致，推極也，知，猶知識。推極吾之知識，欲其所知無不盡也。格，至也。物，猶事也。窮至事物之理，欲其極處無不到也。」（《四書章句集註》頁 4《大學章句》）此處「物」的解釋是跨含所謂客觀之物與人倫事物的，然就朱熹之意，仍重在事事物物上個別之理，偏向知識性的探求。陽明則對此提出質疑說：「先儒解格物爲格天下之物，天下之物，如何格得？且謂『一草一木皆有理』，今如何去格？縱格得

草木來，如何反來誠得自家意？」(《傳習錄》卷下第 317) 明確的指出朱熹所說的由格物而得的知識性的致知，與修身方面的誠意之間的相關性薄弱，有一個解釋上的斷裂存在，而這也是陽明強調《大學》古本，質「疑朱子《大學章句》非聖人本旨」(《全集》卷 33 頁 1254 年譜 47 歲條) 的重要原因。所以陽明說：「我解格作『正』字義，物作『事』字義」(《傳習錄》，第 317)，身之主宰是心，故修身在於正心，然「至善者心之本體也，心之本體那有不善？如今要正心，本體上何處用得工？必就心之發動處纔可著力也，心之發動不能無善，故須就此處著力，便是在誠意……然誠意之本又在於致知也，所謂『人雖不知而己所獨知』者，此正吾心良知處，然知得善，卻不依這箇良知便做去，知得不善，卻不依這箇良知便不去做，則這箇良知便遮蔽了，是不能致知也，吾心良知既不能擴充到底，則善雖知好，不能著實好了，惡雖知惡，不能著實惡了，如何得意誠？故致知者誠意之本也。」(同前) 於是把致知與誠意之間的解釋斷裂連結起來。在此之下，工夫上的致知，「不是懸空的致知，致知在實事上格。如意在于爲善，便就這件事上去爲，意在于去惡，便就這件事上去不爲，去惡固是『格不正以歸於正』，爲善則不善正了，亦是格不正以歸於正也，如此則吾心良知無私欲蔽了，得以致其極，而意之所發，好善去惡，無有不誠矣，誠意工夫實下手處在格物也。」(同前) 因此陽明特別重視在人情事變上的使發用符合良知，也就是盡心，也就是誠意，盡心誠意，自然也就是盡本體之性、知本體之性了。「格致本於誠意，原無缺傳可補，以誠意爲主，而爲致知之功，故不必增一敬字。」(《全集》卷 33 年譜 47 歲條) 故而不必如朱熹因爲格物致知與誠意間仍有個斷裂而需另強調存養、分居敬與窮理，在陽明來說，雖然也不是不說這些，但居敬、窮理、盡性等，只是一事 (《傳習錄》卷上第 117)，存養與省察也只是一事 (《傳習錄》卷上第 36)。

以上，即是陽明對於工夫論述的主要架構，也是陽明對各主要概念範疇與工夫間關係的重要說明。接著，我們再看另一段陽明討論工夫與思想各單元關係的論述：

> 理一而已，以其理之凝聚而言則謂之性，以其凝聚之主宰而言則謂之心，以其主宰之發動而言則謂之意，以其發動之明覺而言則謂之知，以其明覺之感應而言則謂之物，故就物而言謂之格，就知而言謂之致，就意而言謂之誠，就心而言謂之正，正者，正此也，誠者，

誠此也，致者，致此也，格者，格此也，皆所謂窮理以盡性也，(《傳習錄》卷中第 174 條)

此篇中則更明確的把格、致、誠、正等關係劃上等號，並再度說明理、性、心、意、知、物的關係。此中，理、性指的是本體，而意與知是發用層次的指涉，心則是居於核心地位的統攝，而物是意之所在，也是良知明覺之感應所在。而格致誠正等工夫針對理、性、心、意等等不同的指涉而用不同的詞語，代表不同的重點，然其目的都是去除發用層上的不順應良知之發用，以「復其天地萬物一體之本然而已耳」(《全集》卷 26 頁 968〈大學問〉)，也就是復其本然本體之「理」，也就是「循理」(如《傳習錄》，第 101)，故格致誠正等皆是格此理、致此理、誠此理、正此理的工夫，都是用來窮究此理而盡此性。因此可以說，「盡心即是盡性」(《傳習錄》，第 6)，也可以說，格物、致知、誠意、正心皆是達物之格的工夫，也皆是達良知之致的致良知工夫，同樣也是達意之誠、心之正的工夫。總結的說，都是本體之復的工夫。

此體系的主要部分是針對體用兩層心、性、意、物等各概念而說工夫。另外一類的工夫指稱，則是與這些比起來屬於較為具體的工夫細節或工夫描述，例如戒慎恐懼、於不睹不聞處下功夫、謹獨、慎獨、致中和及避免過與不及等。再進一步則如不將迎、不著相、不著意、必有事焉與勿助勿忘、勿意必固我。更具體的則如靜坐等等。而這些，其目標與致良知、復本體等同，其方法過程也都是致良知、復本體的工夫。在陽明如下的論述中，可以看出其關係：

　　(不見性者)只在有睹有聞上馳騖，不在不睹不聞上著實用功。蓋不睹不聞，是良知本體，戒慎恐懼，是致良知的工夫，學者時時刻刻常睹其所不睹，常聞其所不聞，工夫方有箇實落處。(《傳習錄》卷下第 329 條)

　　本體原是不睹不聞的，亦原是戒慎恐懼的。戒慎恐懼，不曾在不睹不聞上加得些子，見得真時，便謂戒慎恐懼是本體，不睹不聞是功夫〔註55〕。(《傳習錄》卷下第 266 條)

〔註55〕黃省曾以不睹不聞為本體、戒慎恐懼為功夫而問是否，陽明以此回答。如前所論，本體無形無象且變動不拘，故說無法聞見本體，故不睹不聞是說本體性質，而戒慎恐懼很明顯指的是功夫。但從另一角度看，如《傳習錄》第 159 所言，「能」戒慎恐懼是本體的能力，亦即戒慎恐懼即是良知本體的一種性質描述，它的發用便是戒慎恐懼的意念與行為，用於時時檢視、修正行為使其

直問「顏子擇中庸,是如何擇?」先生曰「亦是戒慎不睹,恐懼不聞,就己心之動處,辯別出天理來,『得一善』,即是得此天理」。(《傳習錄拾遺》,第 26 條)

聖人亦只是至誠無息而已,其功夫只是時習。時習之要,只是謹獨。謹獨即是致良知。(《全集》卷 5 頁 194〈與黃勉之〉「甲申」二)

格物即慎獨,即戒懼〔註56〕,至於集義博約,工夫只一般,不是以那數件都做格物底事。(《傳習錄》卷下第 323 條)

澄嘗問象山在人情事變上做工夫之說〔註57〕,先生曰「除了人情事變,則無事矣。喜怒哀樂非人情乎?自視聽言動,以至富貴貧賤,患難生死,皆事變也,事變亦只在人情裏,其要只在致中和,致中和只在謹獨。」(《傳習錄》卷上第 37 條)

問「良知原是中和的,如何卻有過不及?」先生曰「知得過不及處就是中和。」(《傳習錄》卷下第 304 條)

未能率性於道,未免有過不及,故須修道,……人能修道,然後能不違於道,以復其性之本體。……戒慎恐懼便是修道的工夫,中和便是復其性之本體(《傳習錄》卷上第 127 條)

欲求寧靜欲念無生,此正是自私自利,將迎意必之病,是以念愈生而愈不寧靜。……良知之體本自寧靜,今卻又添一箇求寧靜,……,非獨聖門致知之功不如此,雖佛氏之學,亦未如此將迎意必也。(《傳習錄》卷中第 162 條)

聖人只是還他良知的本色,更不著些子意在。良知之虛,便是天之太虛,良知之無,便是太虛之無形,日月風雷,山川民物,凡有貌象形色,皆在太虛無形中發用流行,未嘗作得天的障礙,聖人只是

符合良知,與避免行為的不符合良知,而這些行為、這些功夫,全都針對那無法見聞的良知本體,也就是在不睹不聞處下功夫,故就此而言,戒慎恐懼即是本體,而不睹不聞即是功夫。進一步說,戒慎恐懼與不睹不聞既是本體,又是工夫,亦見陽明本體與工夫不離之義。

〔註56〕蓋因慎獨、戒懼皆是隨應物發用時一併作用的工夫,而應物發用也就是意之所在而有的事,故戒懼慎獨便是在意所在之事上使其符合良知的工夫,使符合良知也就是正其不正,故慎獨戒懼即是格物。

〔註57〕見陳榮捷傳習錄註中卷 34 引例,又見卷 35「人情物理上做工夫」(《陸象山全集》卷 35 頁 282〈語錄〉)。

順其良知之發用，天地萬物，俱在我良知的發用流行中（《傳習錄》卷下第 269 條）

必有事焉，只是集義。集義只是致良知。說集義則一時未見頭腦，說致良知即當下便有實地步可用工，故區區專說致良知，隨時就事上致其良知，便是格物，著實去致良知，便是誠意，著實致其良知，而無一毫意必固我，便是正心，著實致良知，則自無忘之病，無一毫意必固我，則自無助之病，故說格致誠正，則不必更說箇忘助。（《傳習錄》卷中第 187 條）

問「看書不能明如何？」先生曰「此只是在文意上穿求，故不明，如此，又不如為舊時學問，他到看得多，解得去，只是他為學雖極解得明曉，亦終身無得，須於心體上用功，凡明不得，行不去，須反在自心上體當，即可通，蓋四書五經不過說這心體，這心體即所謂道心，體明即是道明，更無二，此是為學頭腦處。」（《傳習錄》卷上第 31 條）

吾昔居滁時，見諸生多務知解口耳異同，無益於得，姑教之靜坐，一時窺見光景，頗收近效，久之，漸有喜靜厭動，流入枯槁之病，或務為玄解妙覺，動人聽聞，故邇來只說致良知，良知明白，隨你去靜處體悟也好，隨你去事上磨鍊也好，良知本體，原是無動無靜的，此便是學問頭腦，我這箇話頭，自滁州到今，亦較過幾番，只是致良知三字無病（《傳習錄》，第 262 條）

由這些論述可知，應物發用時唯恐有違良知發用之戒慎恐懼、針對不可睹聞良知本體下功夫、謹慎於他人所不知而己所獨知的意念處而使其符合良知以達到意之誠，成為純然本體天理之發用流行、去除過與不及而復良知之本體，以達到符合中和良知的中和、去除送迎執滯之心與種種私意而順應良知本體之發用、時時致良知無有或忘但亦不刻意為之而成助長……等等，皆是致良知、復本體工夫之不同角度與不同重點的說法。至於靜坐、唸書，則是更外圍的輔助方法，在人情事變上磨練則是指其工夫所在之處皆在應物之上，因應物之種種即是所謂的人情事變。整體的來說，這些分別的工夫都不是終極的目標，陽明不希望學者誤把這種種工夫當作追尋的目標，故後來只說最終

極的致良知。這也可以瞭解爲何陽明在教法上會重視誠意〔註 58〕，蓋因有善有惡主要是以意爲代表，復其本體主要就是要使發用上的意能完全是良知的展現，故是重要的焦點。同時，也可瞭解陽明由誠意之教轉而以致良知爲主，一方面是因陽明的思想越趨成熟〔註 59〕，瞭解得更透徹，一方面則因致良知才是比較終極而無病的教法。

　　由上面的討論可以看出，陽明在工夫與本體關係的思考上，與《大學》緊緊的結合在一起，以《大學》作爲展開其工夫與本體關係的架構。而工夫本體之身心修養之學，也就是成爲聖人之學，是陽明思想的重心所在，因此也可以說，陽明的思想是以他所重視的《大學》作爲論述的基礎材料與論述脈絡。而其工夫，總而言之，即是復人人所同有之本體，也就是致良知。只要達本體之復，便都是純乎天理之聖人，是以不論才力大小，斤兩多少，天理本體之純，其成色都一樣如足色之金（《傳習錄》，第 99）。又因爲所有的工夫都指向本體，都是爲了復其本體，「合著本體的是工夫。做得功夫的，方識本體。」（《傳習錄拾遺》，第 3），所以「功夫不離本體」（《傳習錄》，第 204）。而此，亦是與陽明體用一源的體用體系思想一致的。

　　在對陽明思想的幾個重點作了前置的討論與瞭解之後，下一章將進入陽明樂思想的討論。

〔註 58〕 〈大學古本序〉第一句「大學之要，誠意而已矣」，四十七歲原本與五十二歲修改本皆同，只是修改後的〈大學古本序〉添改了較爲明確的致良知意旨之字句。參考鍾彩鈞《王陽明思想之進展》第三、四章。

〔註 59〕 參考點之一：雖然陽明自龍場以後已不出良知二字之意，但一直點此兩字不出。（參《全集》卷 41 頁 1575 錢德洪〈刻文錄序說〉），但經宸豪等亂之後說，「近來信得致良知三字，眞聖門正法眼藏（案：佛教語。禪宗用來指全體佛法），往年尚疑未盡，今自多事以來，只此良知無不具足。」（《全集》卷 34 頁 1278 年譜三正德十六年，陽明五十歲）

第三章　本體、心安與七情——
陽明「樂」思想之探討

第一節　本體乎？七情乎？心安乎？——「樂」是什麼？

一、「樂」主題的討論內容

　　陽明所說的樂「是什麼」？「是什麼」這種定義式的討論方式，是現代習慣的瞭解方式。所謂「是什麼」，也就是用來解釋它的東西與它至少是同一類，甚至是「同名異稱」的相等物。就「樂」這個主題而言，因爲一般來說，「樂」是一件定義上由人而來的事物，不像如顏色、大小等等人以外的事物所同樣具有的東西，故在定義上，也是由人爲出發點定義起。由於人有不同，時代、地域等等也可能不同，即使同一個人，他在不同文獻中（便可能在不同的情況、不同的條件、不同的論述脈絡論下）所指稱的也未必盡同，所以它（「樂是什麼」）的內容並不是唯一而一致的，加上對於一個主題的瞭解，從它相關的各個面向去瞭解它，會有較全面、較高掌握度的瞭解，因此，適度的分類，也包含在瞭解它「是什麼」的這個主題中。由「樂是什麼」作爲最基礎的定義與分類開始，對於「樂」這個主題進行的討論，可能可以包含以下幾部分：

A.　樂是什麼：因爲人所認爲的與眞正感受到或體證到的樂未必相同，自己所

認為的又未必與他認為別人所認為的相同，所以，可分為：

1. 該人自己所認為的是什麼。

2. 該人自己所感受到、或體證到的樂是什麼。

3. 該人認為別人所認為的、所感受、所以體證到的樂是什麼。

而其所「是」的，舉例而言或許是「感性之情感」，或許是所謂「本體」，或許是一種「境界」，或許是一種「意念」，或許是一種「行為」……等等。

B. 在此之下，又可依不同特質、不同角度以不同的區分方法做分類，例如：

1. 就應當與不應當的，或理想上的與非理想上的作分類。

2. 就價值層次或修養層次高低作分類（或者說，對其評價的高低如何）。

3. 就程度大小作分類（如果有程度差別的話）。

4. 有可感知、不可感知之別（例如若把樂定義為本體就不可感知）。

C. 進一步再就與「樂是什麼」相關的面向作瞭解與分類，例如：

1. 樂的原因及其類型（會令人得到樂的東西，並不等於樂本身）

其類型區分法之一：對象性、非對象性

2. 樂之表現、呈現及其類型（表現、呈現也就是由所定義的樂而來）

3. 樂的功夫及其類型

4. 樂的效用及其類型

5. 樂在該人思想體系中的定位

6. 該人「樂」思想在歷史上的定位

甚至在某些解釋體系中，例如體用體系，還可以本體與發用作為分類區別之一。

概略而言，不同的研究主題有不同的偏重與分類方法，也不一定每一項都討論到。若是跨時代的、資料文獻來自多人的，可能比較偏向整理性質的分類，也就是就某個或多個區分面向下，就較大量差異性較大的文獻作分類。但若就單一思想家而言，由於直接的資料有限，故偏重在探究性質的深入該思想家所強調的幾個部分，並把各個相關面向呈現出來，以期能較全面而深入的討論該思想家的「樂」思想。本書即是採取後者的討論方式，討論陽明所認為的「樂」。另外，因為在有限的文獻中，無法明顯區別出「陽明所認為」的與「陽明實際感受到或體證到」的樂，所以本書中未作兩者的區分，以「陽明所認為」的為主要用詞，作為二者的指稱。並就陽明所說的「樂」字的三種意涵，分別討論其定義（「是什麼」）、特質、正面或負面評價，相關的功夫等等。

二、陽明認為「樂」是什麼

　　樂字本身用在帶有類似快樂的意涵時，一般是以感性上的樂被理解的，故在討論、分類上，仍先就感性上的樂為中心來作區分定義的討論。自然而然的，如此便可以分成「感性上的樂」，以及「非感性上的樂」兩類。非感性上的「樂」，未必產生（甚至不產生）感性上的樂，或與情緒上的樂完全不相似，甚至在一般觀念裏，可能可以說是與樂不相關的。將之「定義」為「樂」而以「樂」稱之，這種「樂」與一般「樂」字的用法不同，可以說是「樂」字之新用法或廣義的用法，或者說，是思想家或詮釋者自訂之用法。陽明的用法中，即有這類自訂的用法，並在其思想體系之下而具有它合理的內涵。

　　陽明直接談到「樂是什麼」的文獻只有幾條，例如「樂是心之本體」（《傳習錄》卷中第 166 條〈答陸原靜書〉，《全集》卷五〈與黃勉之〉「甲申」二），「此心安處即是樂」（《傳習錄》卷下第 292 條）等。在不同文句脈絡內，樂所指涉的不一定相同。陽明並未明確定義出其所用的「樂」有幾種不同的意涵，僅就陽明幾句話不易判定。今就其思想體系的各相關部分，以及論「樂」各相關文獻相互驗證以為判斷，認為陽明論「樂」主要指稱三種意涵，將分別討論於後：

　　樂是

　　a. 本體。

　　b. 心安。

　　c. 七情之一的感性情緒。

　　區分出這三種意涵，最主要的理由是，七情之樂是一般人所熟知的「樂」字所指涉的樂，而陽明又明確的說，「樂是心之本體」，亦即以樂作為本體的異稱，這是不同於七情之樂的一種。至於陽明亦以「樂」稱之的「心安」，還包含類似的盡心、自得等，所指涉的都是在七情上未必樂，但不屬於本體層次的「樂」，這是另一種。

　　另外，此處需要再說明本書對於「樂」文獻的取材界定。在本書中，以提到「樂」字的文獻作為主要討論對象。因陽明關於「樂」的論述重點在體用層次的區分，且本書論述重點也在陽明所重的區分上，故發用層次相關提到的喜、悅、快活、趣等等的文獻亦兼涉，且暫時皆統歸於「樂」的範疇之下而未進一步仔細區分，蓋此非陽明論述的區分重點所在，其有意區分與為行文上方便而用所顯現的差異不易辨別，且可用的資料太少，故再做差異區

別的意義不大。因此發用層次中七情之樂的許多可能的差異（如欣悅、歡喜、快然、幸福快活、灑落、趣……甚至喜極而泣等等）將待以後與其他文獻一併討論時於必要處再做研究。

第二節　是虛指也是實指的「樂」——作爲本體指稱的「樂」

一、樂是心之本體

陽明在《傳習錄》〈答陸原靜書〉中所說的「樂是心之本體」是陽明關於「樂」思想方面較爲人所熟知的論述。就本書前面關於本體的討論可知，本體是一，心之本體也就是等於本體〔註1〕，故其意就是把樂當作全等於本體，也就是以「樂」作爲本體的異稱。此句在陽明文獻中另有出現，例如一次黃省曾（勉之 1490～1540）因此而問心安（《傳習錄》卷下 292 條），另一次對其來書之回答（《全集》卷 5 頁 194〈與黃勉之〉「甲申」二），皆有頗爲完整

〔註 1〕從字面上看，「本體」一詞的意涵，除了體用之「體」以外，也可能僅是較無超越性的「當體自身」或「本來樣態」之意涵。觀陽明文獻所論，例如薛侃（1517 年進士，陽明門人）問「知如何是心之本體？」，陽明答曰「知是理之靈處，就其主宰處說便謂之心，就其稟賦處說便謂之性」（《傳習錄》第 118），可知陽明所論的「知」（良知）是「心之本體」，且可稱爲「心」、稱爲「性」。又如「心之本體即是天理」（《傳習錄》第 96、145）、「心之本體即是性，性即是理」（《傳習錄》第 81），則「心之本體」同於「天理」、「性」、「理」。那麼「心之本體」一詞與「天理」、「心」、「性」、「良知」等意涵相通，只是不同角度的稱謂，而「天理」、「性」這類詞語在體用體系中帶有超越性質的意涵，顯示「心之本體」這樣的詞語所指涉的應也如是。此外，陽明對於「心之本體」又有如「心之本體原無一物」（《傳習錄》第 119）、「心之本體，固無分於動靜也」（《傳習錄》第 157）的描述，此爲傾向於體用意義下之本體意涵。而且，陽明在「性無定體，論亦無定體，有自本體上說者，有自發用上說者，有自源頭上說者，有自流弊處說者，總而言之，只是這箇性，但所見有淺深爾，若執定一邊，便不是了。性之本體，原是無善無惡的」（《傳習錄》第 308）這段說明中，「本體」二字以有別於單一「體」字的方式呈現，明顯的是一個有專指的詞語。故就以上幾點觀察，加上陽明對於體用架構的運用十分鮮明，因此「樂是心之本體」所稱的「本體」，宜以體用意義下的「本體」來理解。而由於「心」的意義範圍涵蓋體用，故指涉本體層次的「樂」也就等於本體層次的「心」（因爲本體是一），皆包含在「心」的全部意涵之中。而且，用於指涉本體層次時，即指最根源的（也是唯一的）本體，不論它稱爲「心」或「樂」或「性」或「理」。

的論述。就此可以十分確定，陽明對於樂的主要主張是把樂置於本體層次的地位來論述，而不是偶發之論。

「樂」作爲本體的一種異稱，則它的特性便和本體的特性一樣，也是無法聞見、變動不居。就其發用面說，什麼都可能是；就其本體本身而言，就什麼都不是。那麼，它根本就與平常認知的「樂」字所指稱的感性之樂完全不類，純粹只是本體的代稱，且既是本體，便又等於天理，等於良知等等。如此而言，陽明以「樂」稱之，此「樂」字可以說是個虛指，只是定義它（本體）是「樂」而已。

但是，若就其發用來看，或許不是如此。因本體本無什麼性質可言，都是人們以發用層人們所稱謂的屬性稱之、形容之，若就本體本無性質可言、本來什麼都不是來說，指涉本體層的「樂」只是虛指，但若就本體即是良知，完全依循良知本體所發用之良知，不違背良知，做到意誠而可以得樂（《傳習錄》卷中第166引《孟子》〈盡心上〉「反身而誠，樂莫大焉」）而言，則因爲此皆順任本體自然而發所得，故稱本體也是有樂的性質。從另一角度說，陽明也是認爲，在無特殊變故之下，順任本體自然的呈現，在情感方面的呈現是樂的。因此，也可就此兩點說作爲本體指稱的樂不是虛指，不只是視它爲樂、定義它爲樂，而有因「樂」本體而得七情之「樂」的實義。另外，若從「天地萬物爲一體，訢合和暢」、「本體之訢合和暢，本來如是」（《全集》卷5〈與黃勉之〉「甲申」二頁194）的論述中，就「萬物一體」以及「訢合和暢」（訢：欣）以說心之本體是樂，也無不可。再者，順任本體自然而做除了可能得樂、感到樂以外，也可能是心安。心安也是陽明的「樂」字所指稱的意涵之一，故由此也可以說本體是樂。是以，陽明作爲本體指稱的「樂」字，可以說是虛指，也可以說是實指。也因爲它也是實指，七情之樂與心安是可循本體而得，且本體等同於良知扮演價值判斷根源的角色而可以賦予正面的定位，所以雖然此本體之樂所指已非平日樂的概念，雖然實際上心之本體是「無善無惡」的無法以善惡論、是無色無相、什麼都不是的，也當然無所謂哀樂，但也就像仍以至善稱本體（如《傳習錄》卷上第2、卷下第228等）一樣，以一般視爲正面的「樂」稱之，而不以較具負面意味的「哀」字稱之。

二、眞樂不外於七情且恆存

陽明認爲，「聖賢別有眞樂，而亦常人之所同有。」（《傳習錄》卷中第166）

「雖在憂苦迷棄之中，而此樂又未嘗不存。」（同前）陽明又認為，人在遇到變故時，「須是大哭一番了方樂」（《傳習錄》卷下第 292），哭時「本體未嘗有動」（同前）。在一般的情形下，既說憂苦迷棄，必不是說一般所認知的樂（亦即感性的七情之樂），既說哭，便不會是一般所認知的樂的正常表現，則陽明所謂的「真樂」，是不受憂苦迷棄影響的、不受因「非樂情感」而哭的影響之樂。此在陽明體用架構的思想體系中可以得知，這些憂苦迷棄、哀哭都是發用層的東西，只有本體是時時都存在，不受發用層次變化之影響，而陽明也說，「本體之訢合和暢，本來如是，初未嘗有所增也，……，亦未嘗有所減也」（《全集》卷 5〈與黃勉之〉「甲申」二），加上上引第 166、292 兩條論述皆與本體作直接的關連，則陽明所指的「真樂」，即是其所謂「樂是心之本體」，作為本體層次指涉的樂。

　　「真樂」既指本體，既非在發用層，因此無法觀察，無法感知，但在陽明體用一源的思想體系下，作為本體的「樂」，與發用層次的七情之樂之間，是「本體」與「發用」的關係，本體藉由發用而呈現，同時藉由發用以瞭解本體（「君子之於學也，因用以求其體」，《全集》卷 4 頁 147〈答汪石潭內翰〉辛未），真樂本體在發用層以「樂」形式的任何呈現，皆七情之屬，真樂本體雖不同於發用層的七情之屬，但此本體在樂這方面的發用皆屬七情之樂，故陽明說：「樂是心之本體，雖不同於七情之樂，而亦不外於七情之樂」（《傳習錄》卷中第 166 條）。這是從理論體系上說。若就陽明其他文句的用字看，在《傳習錄》卷中第 158 條，陽明有「良知雖不滯於喜怒憂懼，而喜怒憂懼亦不外於良知也」之句，該章主要討論喜怒哀樂之發用與本體的關係，良知如前文所述，一般作本體指稱，此句即是體不滯於用，用不外於體之意。再就本體之樂不外於七情發用之樂這句來看，體亦不外於用，「不外於」即是即體即用之意，亦可說體即是用，用即是體，蓋本體俱由發用而見，故不外於用，但人既作了體用之區分，故體不同於用。而天地原本一體渾然，固無體用之別。

三、真樂本體與功夫

　　此真樂本體既是本體，本體本身就是樂，故無對象性，並非因為什麼具體的事物而樂，所以，對於此種樂，也沒有所謂產生樂或不樂的原因。然而，雖無樂與不樂的對象性因素而無產不產生樂之分，但因本體是無所不在，無時不在的常存，故可說真樂無時不存，故陽明說「亦常人之所同有」，故說雖

在迷棄中,「此樂又未嘗不存」。而既無時不存,則對於「本體眞樂」這種樂,便無所謂的得與不得,亦無所謂得樂之功夫的問題,但卻有體證之功夫的問題。蓋本體是無色無相無形,雖無所不在卻無法感知的,雖眞樂本體不外於發用之七情,但人所能觀察到的、感知到的畢竟都是在發用層次,是以,對於本體層次的眞樂之「瞭解」,只能透過「因用以求其體」的方式間接的瞭解。但若所謂的「瞭解」都停在發用層次,終究是隔一層。若要確實「瞭解」到它,或許就是必須進入、達到所謂與其合一的狀態,進入所謂本體的狀態去「體證」,這大概就是所謂的「冥契」(mystical)境界或「冥契」狀態等等所指稱的。不過即使曾經進入這種狀態的人,也未必自認為能適當的傳達他對這種境界或狀態的「瞭解」,而未曾進入這種狀態的人,從這些體證者所傳遞的訊息中所能得到的,也仍只是發用層的「瞭解」,而不是本體狀態的「體證」(這種體證,或許是非一般人所能瞭解的「瞭解」)。然而陽明所重視的是體證,更重視據本體境界之體證,或經由去除「經驗」去除私我性心念意圖之順本體而發的發用(它會符合也是由良知本體發用至發用層的良知是非的「是」,亦可因用求體),而於發用層次之意念與行為的種種做適當的展現〔註2〕,所以陽明雖說「萬物一體」〔註3〕,雖說要人自己求得,不是靠知解〔註4〕,卻反對只尋求空寂之體會而不務人事,流入枯槁空寂〔註5〕。陽明重視人世日用間適當的發用,這也是他自認為與佛家之間的主要差別〔註6〕。因此,在功夫的方向上,陽明的重心,不是重在只是尋求進入、達到所謂本體的境界、

〔註2〕這種適當展現,最終極而言也同時是自然而然的。在未達到自然而然之時,則是一個工夫過程,既是工夫,便牽涉到心意意圖,而其方向卻又是去除心意意圖,此即有心無心之論(見《傳習錄》卷下337)的問題意義所在。

〔註3〕如《傳習錄》卷下274:「天地萬物,與人原是一體」等等。又見第二章所論。

〔註4〕如《傳習錄》卷上第125:「哑子喫苦瓜,與你說不得,你要知此苦,還須你自喫。」又如卷下第280:「此亦須你自家求,我亦無別法可道」等等。

〔註5〕如《傳習錄》卷下第262:「吾昔居滁時,見諸生多務知解口耳異同,無益於得,姑教之靜坐,一時窺見光景,頗收近效,久之,漸有喜靜厭動,流入枯槁之病,或務為玄解妙覺,動人聽聞,故邇來只說致良知。」又如《傳習錄拾遺》(見陳榮捷《王陽明傳習錄詳註集評》)第48(或見《全集·年譜》嘉靖三年):「若專欲入坐窮山絕世,故屏思慮,則恐既已養成空寂之性,雖欲勿流入空寂,不可得矣。」等等。

〔註6〕如《全集》卷46〈大學問〉頁969:「蓋昔之人固有欲明其明德者矣,然惟不知止於至善,而騖其私心於過高,是以失之虛罔空寂,而無有乎家國天下之施,則二氏之流是矣。」等等。

狀態，而在於發用層的意念行爲與本體自然發用間的契合一致，也就是去「見」到本體並做到順任本體自然而發用，這就是陽明所說的存其夜氣〔註7〕、認得本體明白〔註8〕，進而復其本體與誠其意等等。總而言之，即是「致良知」。其目標皆是致其良知，也就是達到良知之致。

陽明功夫重心既非僅是進入與本體合一的眞樂本體狀態、境界（這種狀態之「樂」到底如何，不在其中的人實亦無從得知），而是在體用之間契合的致良知，則與致良知功夫有關的，皆是與本體眞樂有關的功夫。而陽明學說以良知爲最重要的重點，達良知之致而成爲聖人爲其學問之目標，故陽明說，其平日所論之學莫非得樂之道〔註9〕。

致良知之學，涵蓋陽明學說的主要部分，從本書討論的「樂」主題的角度來說，主要要討論的體用關係，對於本體，是去認得眞樂本體（因用求體，但可能也包含進入冥契本體的狀態），並在發用層上，做到符合此「是樂又是良知」的本體應物而有的良知判斷（發用層的良知），而得至發用層的樂，也就是七情之樂以及心安。這些皆在致良知之學中。舉例而言，在對於眞樂本體的功夫上，陽明說：「謹獨即是致良知，良知即是樂之本體。」（《全集》卷5頁194〈與黃勉之〉「甲申」二）謹獨是在發用層而針對良知本體的功夫，良知本體即是眞樂本體，故此致良知功夫之一的「謹獨」，即是達到、認得、回復、體證眞樂本體的功夫之一。

反過來說，陽明也認爲可以由七情之樂的得到與否，看眞樂本體之復與不復。陽明說：「悅則本體漸復矣。」（同前）發用層的意念符合良知本體在發用層的良知的判斷方向，不產生因意念違反發用層良知所造成的矛盾，便能得發用層上的樂，故時習復此「心之本體」──亦即「眞樂」──的功夫而復本體以致能感到悅樂時，此即發用符合本體之徵兆，這是就結果（悅）推知原因（本體之復），故說「悅〔註10〕則本體漸復矣」。陽明既就復其本體、致良知以言復眞樂本體，又就發用層的悅樂說「則本體漸復」，認爲發用層悅

〔註7〕 如《傳習錄》卷下第268：「良知在夜氣發的方是本體。」又如《傳習錄》卷中第162所論之夜氣等等。夜氣一說承自孟子，語見《孟子》卷11〈告子上〉。

〔註8〕 如《傳習錄》卷下第290：「七者俱是人心合有的，但要認得良知明白。」又如《傳習錄》卷中第146：「若體認得自己良知明白，即聖人氣象不在聖人，而在我矣」等等。案良知即意含良知本體，也就是本體。

〔註9〕 《傳習錄》卷中第166陸原靜問尋眞樂之趣，陽明答以「每與原靜論，無非此意。而原靜尚有何道可得之問，是猶未免於騎驢覓驢之蔽也。」

〔註10〕 「悅」字在陽明未做本體層次使用。

樂是本體之復的必要條件〔註11〕，就此可知，本體之復是發用層次樂的原因之一，復本體同時是回復眞樂本體，也是獲得發用層次之樂的方法、功夫。對於眞樂本體的功夫，與發用層次之樂，關係密切。另外，由此也更能明瞭陽明所說的：「雖則聖賢別有眞樂，而亦常人之所同有。但常人有之而不自知，反自求許多憂苦，自加迷棄」（《傳習錄》卷 2 第 166 條〈答陸原靜書〉），實因本體之不能純然展現，被自加的許多外在因素所掩蔽，一方面無法認得其本體之樂，另一方面無法順其眞樂本體之發用，有違本體之發用而無法有發用層的樂。故常人之不樂，是同時具有對於本體眞樂之未能認得而說的不樂，與缺乏發用層的樂而說的不樂。

　　附帶一提的是，陽明對此種本體之樂的評價，因爲本體是一，眞樂本體等於良知，也等於天理，是被人視作價值評價的根源，所以皆屬正面，因此可以說，本體之樂，是好的，也就是所謂「眞樂」。而其既爲本體，什麼都不是，也可以說什麼都是，其在發用層也可能是任何東西，則其發用之好壞影響，就要依在發用層的情況而定。也就是說，對於眞樂本體這一意涵的「樂」，陽明是給予等同於價值源頭的最高地位的。

第三節　此心光明，夫復何言──心安

　　陽明所說的樂的三種意涵，眞樂本體算一類，在本體層。另外，心安與七情之樂則是另一類，在發用層，皆是可以感知的樂，且皆與本體有關。

一、心安是樂

　　所謂心安之樂，最直接的文獻是《傳習錄》卷下第 292 條陽明答黃省曾所問遇大故於哀哭時，此樂是否還在。此問是延續陽明所說樂是心之本體而來，哀哭與一般所認知的樂──也就是七情之樂──似乎是互相矛盾的，故有此疑惑。陽明答曰：

〔註11〕此處牽涉到一個「程度」問題。就理想上而言，不應有「漸」字，悅則本體已復，不悅則本體非已復，「漸」字之用，筆者認爲，在此處或指能有時做到已復的狀態，但未達不間斷，或者陽明使用「悅」字在樂的程度上與「樂」字有所區別，或者只是因爲說話的對象未必能到達聖人本體純然已復的狀態，故於用語上的方便而說「漸」。不論如何，此句「悅則本體漸復」可以視爲指出了本體之復與悅樂間有直接的關係。

須是大哭一番了方樂，不哭便不樂矣。雖哭，此心安處即是樂也，

本體未嘗有動。(《傳習錄》卷下第 292 條)

此段文獻關於「哭」有兩個部分可以留意，其一為重點放在「哭」時：發用層的情在一般的情況下哀樂不會並存（複雜的喜極而泣或苦笑等等暫且不論），發用層既哀哭，則陽明的回答中，前兩個「樂」字皆不是屬情之樂的指稱（第三個與哭連結的當然也不是），而本體本是樂，且本體不因發用層的影響（哭或不哭）而有所變動，故此處「哭」而樂的「樂」字，是異於「本體真樂」與「屬情之樂」的另外一種指稱。其二為重點放在哭「了」：哭完之後，哀之情得到抒發而不鬱積。在相連的時間順序上，「哭」完之後雖然情緒狀態可以恢復清爽坦然，但（在儒家的脈絡中）不至於轉成七情之屬的快樂喜悅，故而「哭了」之樂，也是不同於「屬情之樂」，且也如前述異於「本體真樂」，故從此角度理解，也是「樂」的另外一種指稱〔註12〕。究其理，哀之情發於本體之自然，哀則哭，是順情之行為與表達，若不哭，則違哀之情，與順任本體自然而發之情有所矛盾，亦違反知發用之是非的良知，故無法心安。陽明在此處說「此心安處即是樂也」，是把發用層意念與行為之「依順本體自然發用而符合良知之知」的「心安」定義為樂，無法心安即不是「依順本體自然發用而符合良知之知」，亦有違「依順本體自然發用而符合良知之知」定義下的心安之樂，是故不哭即不樂也。而既然心安之樂以及哀哭皆在發用層，本體真樂本不受影響，所以說「本體未嘗有動」。故若遇大故哀哭，除了無時不在的「本體真樂」仍在以外，亦有「心安之樂」。

此外，在另一段文獻中，陽明又說：

爾那一點良知，是爾自家底準則，爾意念著處，他是便知是，非便知非，更瞞他一些不得，爾只要不欺他，實實落落依著他做去，善便存，惡便去，他這裏何等穩當快樂，此便是格物的真訣，致知的實功。(《傳習錄》卷下第 206 條)

此章乃答陳九川問如何尋箇穩當快樂處。陽明認為，依順良知的準則去做而

〔註12〕陽明的回答中，除了「此心安處即是樂」明確的以心安定義「樂」以外，「方樂」及「不樂」兩個「樂」字意涵除了可以取發用層的心安意義之樂解釋為「方能心安」、「不心安」之外，也可以取「本體」意義，解釋為「方是真樂本體之自然發用」、「不合本體之自然發用」。因為在體用一源的基本理論下，某些論述脈絡中的字詞意涵可在本體層與發用層間跳動，均能合於理論脈絡，使文句解通。

存善去惡，便能穩當快樂。在此，「良知」與「知」皆作發用層的指涉用。「良知」也與「意念著處」作了區分，「良知」是「意念著處」的是非判斷，也是穩當快樂發生之所在（「他」這裏何等穩當快樂），若意念著處良知判斷爲是，便即此（良知）而穩當，若意念著處良知判斷爲非，在非之下，此發用層次的良知便無法安穩。此處「穩當快樂」連用，雖是九川提問時所用，但陽明前面把良知的是非判斷與後面的穩當快樂連結在一起，很明顯的是以意念在良知之判斷下的是非說穩當與否，也就是安與不安，而在穩當與否之下說樂與不樂，也就是在安與不安之下說樂與不樂。

　　何以心安可以被區分爲是陽明所說的樂的意涵的一種類別？由於本體層次是純然的價值源頭，被決定爲正面的定義，沒有負面的成分，故此處心所指的不是本體層次的用法。而且，有負面意義的「不安」也不會是在本體層次，可感知到不安，也不是本體層次。故心之安不安是在發用層次上說，與眞樂本體不同。心安，是意念與行爲順良知本體發用之知是之非之知，不與此知產生違背矛盾，故心可安，然而，心安時，其情未必一定是七情之樂，故心安與七情之樂有異，甚至是在與「情」不相類的範疇之下。例如，前引黃省曾所問之狀況即是在哀，而其行爲表現則是哭，但由於不與良知違背，故其心是能安的。而陽明說此心安處即是樂，即可以說是把此既不是本體層次之樂，也異於發用層七情之樂的心安定義爲樂，故它算是陽明所稱的「樂」中，不同於「本體眞樂」與「七情之樂」的另一種「樂」。在此，所謂此心安「處」的「處」字，帶有個別殊異性的含意，也就是，屬於發用層次的心安，是「應物」而有安與不安之別，安也是在與某人事物的互動上而安。

　　談到此會有個問題：本體只是一，故心安之樂與七情之樂有同樣的眞樂本體。心安既與七情之樂有別，那是否與《傳習錄》第 166 條所說的眞樂本體不外於七情之樂有所矛盾？實則本體之呈現，若以樂的形式呈現，因體用關係，固不外於七情之樂，但「不外於」亦有「體不外於用」的意義，其意義重點則在於眞樂本體並非外離於七情之樂，而不是在強調眞樂本體之發用僅是七情之樂。且本體同時也是良知，本體在發用層以各種面貌呈現，不一定皆是以樂的形式作爲呈現的面貌，故也是可以在心安時以適當的七情作爲其呈現的面貌，可以是七情之樂，也可以不是，因此並不會有所矛盾。

　　另外，由於心安之樂是循良知而安，在陽明體系裏是屬於正面的評價。同時，例如前例「不哭便不樂」（《傳習錄》卷下第 292），因不樂即是心不安，

即是發用未依順良知之知，故是負面的評價，此則形成樂不樂的判斷與正負面的價值評價一致的狀況，變成是一個把樂安置於與價值標準同等地位的思想體系。

二、心安範疇下的其他心安之樂

在「依順本體自然發用而符合良知之知」之心安爲「樂」且不一定與七情之樂並存的定義之下，包括循理而樂、盡心而樂、誠而樂以及自得，都是屬於心安之樂一類。

循　理

陽明於談到《論語》〈泰伯篇〉「士不可以不弘毅，任重而道遠」的一封書信中，引程子「知之而至，則循理爲樂，不循理爲不樂」而說「自有不能已者，循理爲樂者也，非眞能知性者未易及此。」（《全集》卷 4 頁 148〈答王虎谷〉辛未）在陽明的思想體系中，「性」主要指稱本體，也就是等於本體，「理」在陽明也有用於本體的指稱，眞能知「性」者，亦即認得眞樂與良知本體者，也才能完全的循「理」而行，也就是發用完全的符合良知之知，如此，也就是心安。而在循理之下，七情上是依理之適合而發，未必是七情之樂，故循理亦屬心安之樂。另外，此處還可見陽明所認爲的心安之樂的效用之一，是能使人自然勉力求道行仁，無法自已，而不是出於不得已。由此，也可瞭解陽明以此理解孔子而說的「『發憤忘食』，是聖人之志如此，眞無有已時，『樂以忘憂』〔註13〕是聖人之道如此，眞無有戚時，恐不必云得不得也。（《傳習錄》卷下第 224 條）」

盡　心

陽明說：

> 君子之學，求盡吾心焉爾。故其事親也，求盡吾心之孝，而非以爲孝也，事君也，求盡吾心之忠，而非以爲忠也。是故夙興夜寐，非以爲勤也，剸繁理劇，非以爲能也，嫉邪祛蠹，非以爲剛也，規切諍諫，非以爲直也，臨難死義，非以爲節也。吾心有不盡焉，是謂自欺其心，心盡而後，吾之心始自以爲快也。（《全集》卷 24 頁 924〈題夢槎奇遊詩卷〉乙酉）

〔註13〕《論語》，〈述而篇〉，第 18 章。

「盡吾心」即致良知。盡心者，是使發用完全符合良知所發之知是非之知、之心（知包含於心）的價值方向。事親之孝行、事君之忠行、夙興夜寐、規切諍諫等等，都是發用上的表現現象，並非本源，根本本源只是去符合知是非知善惡之心而行，而有這些被稱作忠、孝、勤、直等等的事。行為意念既符合本體良知所發之知是知非之心，便不會產生欺騙此是非之心的情況，此「是便知是」、「非便知非」的是非之心便不會被欺偽而產生心中的矛盾，故順之則此良知之心會視其為暢快、快然。暢快、快然也是樂的一種，比之於前文所述之心安，將依著心中「知是知非」的「是」去做而在此「知是知非」之心上的穩當與樂並論（上引《傳習錄》206），將此符合良知之心的安──也就是哀哭的發用符合良知──定義為樂（前引《傳習錄》292）來看，此處心盡即是心安，心盡之樂即是心安之樂。所以心之盡，也屬心安之樂一類。而「快」雖屬七情之樂，在此「自以為快也」頗也有定義其為樂之意，也就是把心安視為樂。當然，心之盡、心安，也可能有七情之樂，故此處也可以說，「快」是因心安所產生的七情之樂。但要注意的是，心安、盡心，並不必然以七情之樂為其表現方式，例如遇大故而情是哀時。

誠

陽明說：

> 聖人亦只是至誠無息而已，其功夫只是時習。時習之要，只是謹獨。謹獨即是致良知，良知即是樂之本體。（《全集》卷 5 頁 194〈與黃勉之〉二甲申）

在此段論述中，陽明把聖人至誠與同樣是真樂本體的良知本體之致做直接的關連。謹獨為時習之要，時習為至誠無息的功夫，而謹獨為致良知的功夫，故謹獨實同為至誠無息以及致良知的功夫，而本體良知即是本體真樂，故謹獨實同為達到至誠與達到、回復本體真樂的功夫。謹獨、時習，皆是在發用層的功夫，在這些功夫下，達到發用層的意誠，或是達到冥合至誠本體的狀態，即同時也達到良知本體之致以及真樂。若就本體層次的至誠本體來說，它即是等於真樂本體，但若就發用層意之誠而無偽而言，則因不悖於良知是非之心，故心可安，故至誠也就是心安。

陽明又說

> 雖在憂苦迷棄之中，而此樂又未嘗不存，但一念開明，反身而誠，則即此而在矣。（《傳習錄》卷中第 166 條）

陽明從誠來說樂，是承孟子所說〔註14〕，但陽明以體用體系更進一步地闡釋。從本體上說，本體是無時無處不在的，但因為憂苦迷棄，蒙蔽本體，故有不在之說。而雖不知其在，亦憂苦而無發用層之樂，但一旦有那發自良知本體之明朗清晰、不在憂苦迷棄中的一念，回到本身原有發自本體符合良知之意——亦即所謂「誠」之意，或是達到冥合至誠本體的狀態，陽明便認為樂「則即此而在」，而「即此而在」在此具有本體與心安兩種意涵。一念開明是見得、認得真樂本體之在，反身而誠則是復得本體，是「意」符合良知本體所發之是非判斷之知的「是」，無所欺偽，故心上便安，也就是心安。故「樂即誠而在」，也就是「樂即心安而在」。與盡心、循理相同的，發用層的意之誠在七情上未必伴隨著樂，故說，誠之樂也屬於心安之樂。

在陽明，誠與樂的關係，在本體層次是誠亦是樂，在發用層次，純然符合本體所發是其理想的目標，發用層的「意」達此目標而無雜駁、無欺偽為「誠」，而在達此目標之下，一般而言情為樂（遇大故則否）。

自 得

關於自得，陽明除了在〈為善最樂文〉（《全集》卷24頁925）中以內在的不愧不怍以及「宗族稱其孝，鄉黨稱其弟，言而人莫不信，行而人莫不悅」等效用之屬的外圍因素說它之外，大抵以它為已知來論述。例如說孔子能「遯世無悶〔註15〕」、「樂天知命〔註16〕」，是因為「無入而不自得」、「道並行而不相悖〔註17〕」（《傳習錄》，第182），或說灑落是心體不累於欲、無入而不自得（《傳習錄拾遺》，第48）等等，但主要還是在此語所自出之處——亦即《中庸》第14章：「素其位而行，不願乎其外。素富貴，行乎富貴；素貧賤，行乎貧賤；素夷狄，行乎夷狄；素患難，行乎患難；君子無入而不自得焉」（《四書章句集註》頁24）——的脈絡之下來論述。如《傳習錄拾遺》第6言「知此則夷狄患難，將無入不自得矣。」又如「學處乎貧賤患難，則亦可以無入

〔註14〕《孟子》，〈盡心上〉，第4章：「萬物皆備於我矣，反身而誠，樂莫大焉。」（《四書章句集註》頁350）

〔註15〕《易經》，〈乾卦，文言〉：「遯世無悶，不見是而無悶」。（《十三經註疏，周易正義》，第三頁）

〔註16〕語出《易經》，〈繫辭上〉，第四章：「樂天知命，故不憂也。」（《周易正義》，第六十五頁）

〔註17〕語出《中庸》三十章：「萬物並育而不相害，道並行而不相悖，小德川流，大德敦化，此天地之所以為大也。」（《四書章句集註》頁37）

而不自得」(《全集》卷 4 頁 154〈與王純甫〉壬申)、「君子之於富貴貧賤憂戚患難無入而不自得也」(《全集》卷 24 頁 924〈題夢槎奇遊詩卷〉)等。而陽明在〈題夢槎奇遊詩卷〉由盡心、不欺其心而論可自以為「快」之後對貧賤患難仍能自得解釋說：

> 惟夫求以自快吾心，故凡富貴貧賤、憂戚患難之來，莫非吾所以致知求快之地。苟富貴貧賤、憂戚患難而莫非吾致知求快之地，則亦寧有所謂富貴貧賤、憂戚患難者足以動其中哉？世之人徒知君子之於富貴貧賤憂戚患難無入而不自得也，而皆以為獨能人之所不可及，不知君子之求以自快其心而已矣。(《全集》卷 24 頁 924〈題夢槎奇遊詩卷〉乙酉)

陽明在此以求得由盡心而來的心安所產生的七情之樂為目標，故所有處境皆是可以達到心安而得到快然的地方。若所有處境都是可以達到、求得心安的地方，則不論環境怎麼變，都只有「可以求得心安的地方」，也都是「可以求得心安的地方」，而沒有所謂貧賤富貴順利憂患的處境差別，所以說，對心並無負面不樂的影響。這裡的「中」，泛指心或心中心安之快，它是不受外在環境變化影響的。

　　由文句脈絡來看，陽明由「因為以自快為目標」而說在「富貴貧賤、憂戚患難」中可以得至「在各處境皆能致知求快，外在環境無法造成其負面不樂之影響」，接著進入另一角度說君子之於「富貴貧賤、憂戚患難」「無入而不自得也」是因為「君子求以自快」，則陽明明顯是把「自得」與「在各處境皆能致知求快，外在環境無法造成其負面不樂之影響」放在同等位置。大致也就可以說，陽明所謂的「自得」，就是「在各處境皆能致知以求快，外在環境無法造成其負面不樂之影響」，是自己在自己的致良知上用功，而不視外在所謂夷狄憂患的變化為憂患。若是，則自得之重點是在「自己」能在致良知上實踐，是在「自己」不會受外在環境的負面不樂因素影響，是「自己」在「致良知之實踐上確有進展」，是帶有對自己的「肯定」意味，以及，是面對外在影響下，「自己去判斷應對取捨的態度及處置的工夫及狀態」，而不是一般用語中所指帶有得意而高興的「自得」之意。當然，在陽明聖人之學幾乎可以說是其學問的全部之下，重視且力行致良知工夫而有所進展，便是學問的有所進展，便是自己的有所進展，未必一定不帶有七情成分得意高興的指涉，但那不是陽明「自得」二字所指的重點所在。其所指的重點，與致良知、心安同，故將之歸於心安之樂。固然，在陽明所指的自得情況下，與七情之

快然有直接的連接，然既所指主要指致知，則良知應物適當而發在七情上便未必全是樂。例如於哀哭時，仍能自我肯定的斟酌而適當的表現情感，例如在外在所謂的困頓下，自心固然可安而行所當行，然七情上未必盡是樂。是故，自得亦等同而歸之於心安之樂。

　　若以此「自得」的理解來看，則陽明以「無入而不自得」作為「樂天知命」的原因便可解釋為：因時時都是在做致良知的工夫，所有處境皆不視為憂患，都視為致知以求快的地方，故曰「樂天」；而因為時時都在努力依循良知而行，時時都在隨所應之物驗之於良知而尋求適當，故對外在環境之所謂客觀限制有所認清，不會有逾越之希企，也不會消極逃避，故曰「知命」。而此，皆在良知之致的心安之中。此外，灑落不累於欲亦是。

三、達心安之樂的功夫──致良知

　　心安之樂既是心之符合本體良知發用之「知是知非」之知的價值方向，既是順應本體之發用，既是理之循、心之盡、意之誠等等，也皆是良知之致，則就心安之樂而言，若有所謂不樂，便是良知之未致，未能循理而行。陽明認為，這些不能循理而行、意不能誠、心不能盡的原因，都是受私意蒙蔽所致，從善惡的角度而言，這些是「惡」、是「非」，而同時也是導致無法心安的不樂之因。陽明學說的功夫目標是致良知，致良知也就是去除這些蒙蔽，也就得心安，而心安是樂，故也可以說致良知工夫就是得樂的功夫，故尋求心安之樂的陽明學說，也可以說是尋樂、得樂之學。至於得心安之樂──亦即致良知──的功夫，上文所討論的循理、盡心、誠意等皆屬之。就行皆循理、心之發用完全符合良知之知、意對於良知所發之「是非之知」誠而無偽來說，皆是「本體」已復的狀態，而就循理去行，去做盡心誠意符合良知的事而言，則是「功夫」。這兩者是同一件事，故陽明說「工夫不離本體」（《傳習錄》卷中第 204）、「合著本體的，是工夫。做得功夫的，方識本體。」（《傳習錄拾遺》3）。

第四節　七情之一的感性之樂

一、樂與情

　　發用層的另一種樂是七情之樂，也是一般樂字所指涉的感性之樂。

　　陽明所說的七情之樂，顧名思義，是屬於七情的一種。陽明說，「喜怒哀

樂非人情乎」(《傳習錄》卷上第37)，又說「喜怒哀樂，性之情也」(《傳習錄》卷中第 165)、「樂是心之本體，雖不同於七情之樂，而亦不外於七情之樂。」(《傳習錄》卷中第166)，此均指出在陽明思想體系中，仍有同於傳統，歸屬於七情之下所指稱的「樂」。

　　既然七情之樂屬於情，陽明所認為的情與其他概念間的關係又是如何？七情之樂是一種感性的情緒，這是一般所理解的，就樂以及樂所屬的「情」與其他概念間的關係來理解，則是另一個理解的角度。陽明說：「喜怒哀樂之與思與知覺，皆心之所發。心統性情。性，心體也，情，心用也。」(《全集》卷4頁146〈答汪石潭內翰〉辛未) 在此，心跨在體用兩層使用，在體，則指涉性，在用，則指涉情，喜怒哀樂、思、知覺，都歸在發用層次，且都是歸屬於心的範圍之下。思與知覺與喜怒哀樂分開來說，故三者在類上應有不同，於此合論，乃因要解釋發與未發問題所談到的「既思」、「知覺」是屬於已發，但若就此文以性情分表體用而言，廣義的發用層可以以「情」作為發用層的總稱，以相對於「性」。

　　陽明又說，「仁義禮知，性之性也，聰明睿知，性之質也，喜怒哀樂，性之情也，私欲客氣，性之蔽也。質有清濁，故情有過不及，而蔽有淺深也。」(《傳習錄》卷中第 165) 此處情則不是指稱與性相對的全部，發用層還區分為性、質、情、蔽四個部分，性亦是作本體與發用兩層的使用，情只是發用層就情的面向看的一部份，仁義禮知是其德性面向〔註 18〕，聰明睿知是其才性、才質的面向，而本體之性之無法純然展現，則是稱之為蔽。由前一段引文可知「情」之用於相對於本體層的性，而此段則較明確的可知，發用層有幾個不同面向的指涉，情是其中之一，而樂是包含於情的一個範疇。

　　情的範疇，包含什麼，不易明確，雖然情屬發用層次，可以感知，但也因為發用層次之多樣化，使得要以某些字句明確的指涉它所包含的東西，不是很有可能。在歷史上，有如《中庸》提到喜怒哀樂四者，《列子》的五情，荀子的六情，內容各有異同〔註 19〕。在《傳習錄》裡，陽明以「喜怒哀懼愛

〔註18〕陽明由良知本體來定義仁義禮智（見《傳習錄》276 由良知定義義禮智，《傳習錄》卷上第 3 條由天理發乎交友治民便是信與仁來定義仁，而天理即是良知），故直接稱仁義禮智為性，又《傳習錄》38 言仁義禮智同惻隱羞惡辭讓是非一樣是表德，故放在發用層次而論。

〔註19〕《中庸》第一章：「喜怒哀樂，情也。」（《四書章句集註》頁 18）。《列子》〈楊朱篇〉：「五情好惡，古猶今也；四體安危，古猶今也；世事苦樂，古猶今也；

惡欲」爲七情（《傳習錄》卷下第 290），語出《禮記》〈禮運篇〉〔註20〕，陳榮捷註曰：「普通以『樂』代『懼』。」而陽明除了以七情稱情之外，在《傳習錄》中亦有以喜怒哀樂稱人情者，如「喜怒哀樂，情也」（《全集》卷 4〈答汪石潭內翰〉）、「喜怒哀樂，非人情乎？……事變亦只在人情裏〔註21〕」（《傳習錄》，第 37）。蓋「情」字並未以一組固定之詞彙、觀念作爲其所指涉之內容，而僅以大約相似的一些詞語括擬其大概。喜怒哀樂、喜怒哀樂愛惡欲、七情、六情等，都代表、指涉「情」，而陽明亦如是。

　　在對樂所屬之「情」的大致指涉有所理解之後，繼續要討論的是陽明所認爲的幾種屬於「情」範疇下的「樂」及其相關的工夫問題。陽明在「情」之下有提到喜怒哀樂等等，並無特地去區分這些的差異，陽明也有提到幾個屬於七情之樂範圍的樂，但陽明的文獻中沒有再進一步探討這些區別之更基本的原因，所以也只能止於把屬於情之樂視爲一種感性之樂，樂之下，即以其呈現結果當作它的分類定義，同時也當作是它的產生原因。例如，閒適這件具體的事所引發的某些因素造成了樂中閒適之樂的成分，而這些詳因目前無法探究，故直接以閒適這件事作爲其原因，同時以此事作爲樂的分類名稱。在這種定義下，陽明文獻中比較明確的有如自慊、遂欲之樂，以及在詩文中明顯呈現的閒適或山水審美之樂。在就結果而說定義的狀況下，不樂以及不樂之因就是這些的反面，例如無法遂欲就是不樂，同時也是不樂之因。而一些引發樂之產生的具體的事，它所造成的樂的原因、所可能造成的樂的種類也就可能不只一種（例如遊憩山水，可能產生閒適之樂、產生審美之樂、產生由自得而得的屬情之樂等等）。若同樣的來比較一下「眞樂本體」與「心安之樂」的原因、工夫，本體層次本來如是，是沒有什麼原因比它更根本，更沒有具體的事可作爲它的原因，只有工夫可論。所謂工夫，即是要經過一番努力才能達到「就是它」，或達到「直接產生它的原因」。達到眞樂本體的工

　　　　變易治亂，古猶今也。」（《新編諸子集成。列子注》頁 82，世界書局，1996）
　　　　並未說明具體內容。《荀子》〈正名篇〉：「性之好、惡、喜、怒、哀、樂謂之
　　　　情。」（《新編諸子集成。荀子集解》頁 274），但又於同篇提到「喜怒哀樂愛
　　　　惡欲」七者連用（頁 277）。另外，楊鑫輝（1994，頁 160）認爲有區分多至
　　　　「喜怒愛惡哀樂憂欲望懼」十者的。

〔註20〕　《禮記・禮運篇》：「何謂人情？喜怒哀懼愛惡欲，七者弗學而能。」（孫希旦
　　　　《禮記集解》頁 552）。

〔註21〕　此說「事變只在人情裏」，而《全集》卷 4〈與王純甫〉有「天下事雖萬變，
　　　　吾所以應之不出乎喜怒哀樂四者」，則明顯是以喜怒哀樂作爲情的代稱。

夫如前所述，即是致良知工夫。至於心安之樂，其原因是發用皆符合良知本體所發之知，心可以安，而其工夫，則是做到發用符合良知本體所發之知。因心安之樂也是在發用層，所以也和屬情之樂一樣具有個別殊異性，有導致安與不安的具體事件，就這些事件上而說安與不安，且就其定義也只有心安一種類別。誠其意，盡其心與循理而行，是工夫，達到行皆循理，心盡符良知之知，意皆誠，都是心安狀態時不同角度的別稱，也就都有陽明所說的「心安之樂」。達到發用皆符合良知之知而心安，也就是良知之致，而這些工夫，也和達到本體真樂一樣，是致良知。

二、幾種陽明所提到的屬於情之樂

遂欲之樂

　　在屬於情之樂的範疇下，遂欲、有著之樂是屬於負面的。雖然陽明在答陸原靜時（《傳習錄》第 166），並未說明到原靜問時所提到的常人遂欲之樂的定位何在，但在其他篇章中（如《傳習錄》，第 290、58、122），明確的把情之有著視為欲，視為私，而把欲視為良知之蔽，把只言耳目口鼻之聲色逸樂而不管合不合禮視為害，可知雖然陽明仍有區分著與不著、合禮不合禮，也就是適度性、恰當性的問題。但「欲」字在陽明思想體系中，是作為過度、不當的負面用法，亦即「遂欲」並非正面的評價。而由此也可知，在陽明，屬於情之樂，其負面評價的原因之一，是由適度性、恰當性的問題所產生，且陽明也未完全否認慾望這方面所產生的屬情之樂。進一步可以推知，一般的欲念情感是不是所謂負面的「欲」，是由中不中節、合不合適作為分判。嚴格的說，判為「欲」的，已不算陽明所說的「樂」了。至於所謂的不外於七情之樂的真樂，即是在發用層上符合良知本體，達到適度恰當，且以「情」範疇中的「樂」作為呈現而稱的「樂」。

閒適與山水審美之樂

　　陽明文獻中有不少是在欣賞山水、處在心中悠閒的狀態下所談到的樂，這些皆有閒適、山水審美之樂。例如：

> 歸船不遇打頭風，行腳何緣到此中，幽谷餘寒春雪在，虛簷斜日暮江空，林間古塔無僧住，花外仙源有路通，隨處看山隨處樂，莫將蹤跡嘆萍逢。（《全集》卷 20 頁 767〈江邊阻風散步至靈山寺〉）

掃石焚香任意眠，醒來時有客談玄。松風不用蒲葵扇，坐對青崖百
丈泉。

古洞幽深絕世人，石床風細不生塵，日長一覺義皇〔註22〕睡，又見
峰頭上月輪。(《全集》卷 20 頁 735〈山中懶睡四首〉之兩首)

夜氣清明時，無視無聽，無思無作，淡然平懷，就是義皇世界。(《傳
習錄》卷下第 311 條)

清晨急雨過林霏，餘點煙稍尚滴衣，隔水霞明桃亂吐，沿溪風暖藥
初肥。物情到底能容懶，世事從前且任非，對眼春光唯自領，如誰
歌詠月中歸。(《全集》卷 29 頁 1064〈春晴散步〉)

在最後一首〈春情散步〉中，前四句是述景，後四句是道情，陽明藉由對所
處情境中之景物題要式的題點以指出景物，並組織這些題點出來的景物，以
構成後面述情的氛圍，作為其後面敘說感觸的基礎背景。若讀者藉由這些詩
句，引出詩句所題點到的這些也是許多人曾有的各個經驗，再依詩句的組合，
組合成陽明所勾勒出來的環境、景物組成，以致形成一個可以有所感覺的氛
圍，進一步便能嘗試體會陽明賞景之趣，以及在忘情於自然界中與世事有所
隔離的片刻所產生的舒散之懶、不想理會往塵舊事之念頭，也才會帶有自得、
自慊的成分說，春光「唯自領」，而有月中歌詠而歸這句對自我的再次肯定，
以及帶有「知我者其天乎」(《論語》〈憲問篇〉)意味的句子。

自　慊

陽明說：

於其良知所知之善者，即其意之所在之物而實為之，無有乎不盡，
其於良知所知之惡者，即其意之所在之物而實去之，無有乎不盡，
然後物無不格，而吾良知之所知者無有虧缺障蔽，而得以極其至矣。
夫然後吾心快然無復餘憾而自慊矣，夫然後意之所發者，始無自欺
而可以謂之誠矣。(《全集》卷 26 頁 972〈大學問〉)

此中所謂「無有乎不盡」，意即良知所知之應然完全的在發用上實踐出來，是
謂盡之。既盡實踐良知所知之應然，亦即實踐發用盡正，而「格者正也」(《傳

〔註22〕 義皇，指太古治平無憂之世界。又，義皇上人，見《陶淵明集》卷 7(頁 188，
逯欽立校注，里仁書局，1985)：「少學琴書，偶愛閑靜，開卷有得，便欣然
忘食。見樹木交蔭，時鳥變聲，亦復歡然有喜，常言：五六月中，北窗下臥，
遇涼風暫至，自謂是義皇上人。」

習錄》，第 86），故曰物無不格。既盡實踐之，故無虧缺，故說極其至矣。盡實踐良知之所知，便同時可達到自慊與誠意。在此良知之致而後可以有屬於情之快然，明確說明了良知之致與七情之樂有直接的因果關係，是產生七情之樂的原因之一，而達良知之致亦即達心安之樂，故可知心安之樂也是產生七情之樂的可能原因。在自慊方面，此處就無復餘憾之快然而說自慊。快然屬情，且與哀之類的情互斥，通常無法並存，且就字面義而言，在哀之情下，也不會感到滿足快然，故自慊仍歸之於七情之樂。但既然此亦同時達到屬於心安之樂的誠意，便也就是與心安之樂並在。換言之，自慊與心安之樂同樣是在達到良知之致而有，故自慊「必定」與心安同時並在。另外，陽明又說：

> 於父，子盡吾心之仁，於君，臣盡吾心之義，言吾心之忠信，行吾
> 心之篤敬，懲心忿，窒心欲，遷心善，改心過，處事接物，無所往
> 而非求盡吾心以自慊也。（《全集》卷七頁 239〈紫陽書院集序〉）

此處亦是從盡心、致良知的角度說自慊。陽明所引用的「自慊」，語出大學（《四書章句集註》頁 7《大學》第 6 章），《大學》以毋自欺說誠意，從惡惡臭好好色說自慊，也是從不同的角度說同樣一件良知之致。「慊」，大學此章朱註曰：「快也，足也」，陽明進一步以無餘憾之快說自慊。陽明文獻中提及自慊者多處〔註23〕，其意概不出致良知，或盡心，或誠意以求自慊。自慊與致良知等在所達到之處，是相同的良知之致，而其指涉的切入角度，是在工夫的「完美程度」上說，或者說，是在良知之致目標的到達程度上說。論及自慊與否，在方向上已經皆不至於與良知有大衝突，而是在實踐上仍有不足。此不足，乃由良知所發之知得知，既知此不足，心之情便無法滿足而快意，也就在此不滿之下進一步求滿意，而達到實踐之充分符合良知本體之發用，達到良知之致，也就能達到情感上的快然滿意，也就是所謂的自慊。

自慊和自得字面上意思看起來似乎十分相似，在陽明的使用中，它們的確也十分接近，而且所指的皆是致良知一事，只是切入的角度不同。自慊的切入著眼點是工夫或所到達的目標的程度的完美度問題，而自得切入的著眼點是強調人自己心思重點放在致良知上，不受外在種種「憂患」的影響。自慊是就「情」上而言，指的是在力行致良知工夫的心安之下，情是滿足、快意的狀態，但心安時在情上未必是滿足、快意，所以自慊所指涉的範圍小於

〔註23〕又見《全集》卷 5 頁 197〈與王公弼〉，《全集》卷二十四頁 924〈題夢槎奇遊詩卷〉乙酉，《傳習錄》第 138，170，179……等等。

心安。自得也是在心安之下，雖然在一般的情況下可以有快然之情，但是在應種種外物變化的情況下，與自得相應的情卻不一定都是樂之情，其指涉範圍等於心安。雖此兩者有這些差異，然共同的點是皆與心安緊密結合。

三、情、七情之樂的好壞及情的工夫目標

陽明所認為的樂或不樂之事與良知學有關

　　屬於情之樂，在發用層，具個別殊異性。心應萬事萬物而生種種之情，具體的事無法盡舉，此處僅略舉一二以為說明。

　　樂之事，例如《全集》卷24〈為善最樂文〉以「不愧不作」、「孝悌」、「自得」說為善「何樂如之」。又如學習、講學等學問之事，《傳習錄》卷上第111條談《論語》〈學而篇〉時習之樂說：「學是學去人欲，存天理」、「人心本自說義理」，〈與黃勉之〉（《全集》卷5頁194）一文則說：「時習者，求復此心之本體也。悅則本體漸復矣。」詩文中則有「講習有真樂」之句（《全集》卷19頁699〈諸生夜坐〉），皆與致良知之學有關。

　　另外，不樂之事亦是。例如在《傳習錄》第215條談到因生病肉體痛苦而產生情上之不樂，陽明亦以格病物的致良知學角度視之。又如〈書徐汝佩卷〉（《全集》卷24頁922）中，陽明學生徐汝佩應試因「策問若陰詆」陽明之學，不對而出，陽明聞之，不樂者久之。後汝佩歸，人以此事告汝佩，汝佩認為是自己未能考慮到他人如此反應是因未親自接觸陽明之學所導致的誤解。汝佩未能「諄諄然惟恐人之不入於善」，卻拂袖而出，有違陽明所教。陽明聞汝佩此說，亦只「頷之而弗答，默然者久之」，蓋因陽明此時不能稱是，也不能說錯。就徐汝佩所說之理而言，可以說沒錯，但他未能實踐，雖事後反省得快，但也不至於就說他如此之做法值得稱許或肯定。這些也是與致良知之學有關。

　　總之，陽明提及的認為樂或不樂、感到樂或不樂之事中，其主要者，除了關於山水隱逸者之外，幾乎都可以說與致良知學有關。

對屬於情之樂及情的評價

　　前文談逐欲之樂已略提到關於屬於情之樂的正負面評價問題，此處再做較詳細之討論。有關屬於情之樂的好壞問題，陽明幾乎都是在情中一併討論，上文所述的「有著」「無著」也是就情中的討論而得知，故此處也與情的部分

一併討論。

對於情與屬情之樂的負面判斷，明確的篇章有如上提及的《傳習錄》，第58條：

> 喜怒哀樂本體自是中和的，纔自家著些意思，便過、不及，便是私。
> （《傳習錄》，第 58 條）

此是就偏執、自加私意說情及屬情之樂的負面。本體本無價值正負，但既爲價值根源，則是絕對的正面，並以中節、中和稱之。本體是不受發用層影響的，自家著些意思是著在發用層，有著便不是順其自然發用，便有所謂過與不及，便是私，與《傳習錄》第 290 說七情有著是「欲」一樣。另外陽明也就過與不及以及沒有節制說情的負面，如「聰明睿智，性之質也，……質有清濁，故情有過不及」（《傳習錄》卷中第 165）、「恣情縱欲，而猶自以爲同好惡」（《傳習錄》卷中第 180）、不能精察天理於此心之良知而有「任情恣意之害」（《傳習錄》卷中第 136），以及如前引《傳習錄》卷上第 122 口鼻四肢不管合不合禮只求逸樂等等。附帶一提的是，從前面討論到此，略可見發用層至少有「意」與「情」兩大類的東西，此處《傳習錄》58 引文中「情」（喜怒哀樂）、「意」有分雖可能也只是行文上的方便，但大致也可略作爲情意之分與緊密相關的佐證。另在陽明引《大學》談「忿懥好樂」〔註24〕時，就更明顯的把屬情之忿懥好樂與意念有著不得其正之私意連在一起說，而皆歸之於負面，如「誠意只是循天理，雖是循天理，亦著不得一分意，故有所忿懥好樂則不得其正。」（《傳習錄》，第 101）除此之外，在〈爲善最樂文〉（《全集》卷 24 頁 925）中，陽明說小人「營營戚戚，憂患終身，心勞而日拙，欲縱惡積，以亡其生也」，這是就效用上說負面的屬情之樂。

由此大約可知，負面的情與屬情之樂大致含帶著「有著」、「私意」、過與不及、放縱不合禮，以及在效用上產生不利於人生的後果等等。但也由此可知，既有所謂著與不著、私與不私、過與不及等等，則表示陽明並非完全的否定情。在陽明，對於情的存在，不帶有負面價值判斷，認爲是天理之自然流行發用，是人心本有的，但對於具體發用的情，則是有條件的肯定它或否定它。陽明屢次強調喜怒哀樂等等發用之中節（如《傳習錄》，第 72、76、158

〔註24〕《大學》，第七章：「身有所忿懥，則不得其正，有所恐懼，則不得其正，有所好樂，則不得其正，有所憂患，則不得其正。」好樂指喜好。忿懥好樂又見《傳習錄》第 119、235，另《全集》卷 5 頁 190〈答舒國用〉也提到。

等），則其正負面的判斷，是以中節與不中節爲準，不中節才叫做「有著」，才叫做私意，才叫做過與不及，才叫做放縱，也才歸屬於負面之逐欲。在黃省曾問「知譬日，欲譬雲。雲雖能蔽日，亦是天之一氣合有的，欲亦莫非人心合有否？」時，陽明說：

> 喜怒哀懼愛惡欲，謂之七情〔註25〕，七者俱是人心合有的，但要認得良知明白。比如日光，亦不可指著方所。一隙通明，皆是日光所在，雖雲霧四塞，太虛中色相可辨亦是日光不滅處。不可以雲能蔽日，教天不要生雲。七情順其自然之流行，皆是良知之用，不可分別善惡，但不可有所著。七情有著，俱謂之欲，俱爲良知之蔽。然纔有著時，良知亦自會覺，覺即蔽去，復其體矣。此處能勘得破，方是簡易透徹功夫。（《傳習錄》卷下第 290 條）

陽明在此肯定有情的正當性，但有附帶條件，就是要明白認得良知。依照雲能蔽日之喻，則七情俱會影響良知本體在發用層之展現結果，同時它又是良知本體之發用，由此可以推知，發用之間會互相影響。順其自然之發用本身無善惡可言，但人因私意而有著，便不是自然之發用、便不是正當之發用，便影響到良知之展現出來，便是「欲」的一類，也是所謂對良知的障蔽，故成惡。而「纔有著時，良知亦自會覺」，此是良知本能。蔽就不是覺，覺就不是蔽，既覺，亦即同時表示不蔽，故說蔽即去〔註26〕。對於良知本體之障蔽

〔註25〕陳榮捷註本頁 83 言一般以「樂」代「懼」。以幾個具名之情以代情之全體，已見前論。

〔註26〕由此也可以說明陽明所說的知行合一。陽明的知行合一，不是就行爲上的行與知識上的知而言，陽明所說的行，是針對本體去蔽而復本體而說，所說的知，是良知之知。良知之知既然從蒙蔽中跳出來朗現而「覺」，不論是偶然的，或是已達聖人時時都「覺」的狀態，既覺就是知，既覺就不是蔽，既從蔽到不蔽，也就是去蔽，也就是行。既覺即是去蔽，便是既知即是即行，故說知行合一。知行合一在理論上是心即理的產物，是對治前儒理在心外之說（參《傳習錄》卷中第 133）。前儒理在心外，故先要知理，才能循理而行，而陽明理在心中，心中覺即蔽去，便是行，蔽去即覺，便是知。至於要達到行爲上的合於本體良知發用，還要經過人心的「可以做決定的能力」這一關，仍是有人在短暫的既知既覺後，仍在「物」以及自己習性的強烈影響下，未能堅持依循短暫已復本體的良知之知的方向下功夫，又繼續循其已有之習性與滯著的私意慾望而行，以至無法達到時時都在不蒙蔽的覺的狀態，故表現在行爲上便無法符合良知（對於夜氣所發之遺忘其實也就是一種不能堅持，因循於習慣），這便是本體未復，不算是持續的知，故不能發於實際行爲。所以必須復其本體（參《傳習錄》第 5）。推論至此，又可知習性與發用層之物的

既去，也就是復其本體。此處直接就人人本有的良知之覺而去蔽復體，人人皆有此良知本能且過程直接，故說其簡易；直指本體根源，故說其透徹。然而是否能這樣，關鍵就在於能否認得良知明白而如此去做了，故說，「此處能勘得破，方是簡易透徹功夫」。此段論述，即是肯定情之存在，以「有著」與否說其具體表現之正負面價值的判斷。

甚至，連一般所謂忿懥好樂之情，陽明也曾說它們並非負面，之所以當作負面，只是因爲平常習慣以之稱過當的情。陽明說：

> 忿懥幾件，人心怎能無得？只是不可有耳。凡人忿懥，著了一分意思，便怒得過當，非廓然大公之體了，故有所忿懥，便不得其正也，如今於凡忿懥等件，只是箇物來順應，不要著一分意思，便心體廓然大公，得其本體之正了。且如出外見人相鬥，其不是的，我心亦怒，然雖怒，卻此心廓然不曾動些子氣，如今怒人得如此，方纔是正。（《傳習錄》卷下第 235 條）

此也是肯定忿懥、恐懼、好樂、憂患等情原是人之合有的，也是就「有著」、「私意」來論其過當與否。句中「怎能無得」，是就其非過當的情況說，「不可有」，是就其過當的情況說。一般用忿懥等言詞指稱的，都是過當的情，也就是陽明所說凡人的忿懥，故才說有所忿懥好樂則不得其正。若能皆只是物來順應，不要有偏執著意，也就是良知之發用流行的廓然大公了。

既然情是以不中節爲負面、爲欲，則中節便是正面、適當的情，即如上述「不可有所著」、「順其自然之流行」，便是「廓然大公」的中節之「情」了。當然，屬於情之樂也是如此。另外，「喜怒哀樂本體自是中和的，纔自家著些意思，便過、不及，便是私。」（《傳習錄》卷上第 58 條）也說明情的本體是中和的，則，適當的發用之情自然與本體一致，是中和的。而其表現在具體的事上，例如「哭則不歌」（《傳習錄拾遺》，第 32），可以說是情與行爲表達的一致性，而在教學上，使其「趨向鼓舞，中心喜悅，則其進不能已」（《傳

影響之大，而可知孟、荀兩家其實皆看到問題所在而各重其所看到之認爲重要的一面而有不同的人性論，故陽明《傳習錄》308 條答黃省曾問古人論性之定論說：「性無定體，論亦無定體，有自本體上說者，有自發用上說者，有自源頭上說者，有自流弊處說者，總而言之，只是這箇性，但所見有淺深爾，若執定一邊，便不是了」。另外，陽明認爲習性影響很大的論說，還有例如《傳習錄》第 143「聖學既遠，霸術之傳，積漬已深，雖在賢知，皆不免習染」、《傳習錄》第 200「凡習禮歌詩之類，皆所以常存童子之心，使其樂習不倦，而無暇及於邪僻」等等。

習錄》卷中第 195）則是適當之情的影響或好處。而許多人樂於其中的遂欲（「小人樂得其欲」〈爲善最樂文〉），陽明不只以負面的「欲」稱之，且認爲是「但見其苦而已耳」（同前）。

情所受到的重視——應天下事唯以情

陽明不只如上述肯定了情存在的正當性，還把情放到一個相當重視的地位。陽明說：「喜怒哀樂，性之情也」（《傳習錄》，第 165），是把情放到性之所發的角度看，而不是與性對立，不是要被排除的東西，又說：「除了人情事變，則無事矣」、「事變亦只在人情裏」（《傳習錄》卷上第 37），甚至說「天下事雖萬變，吾所以應之不出乎喜怒哀樂四者」（《全集》卷 4 頁 154〈與王純甫〉壬申），其中喜怒哀樂即代表情，屬情之樂也是其中之一。總括的說，陽明認爲，事變是心中萬物之變化，事變之所以是事變，之所以對人有意義，是因爲人在心中產生相應的情——包含喜怒哀樂等。情涵蓋的範圍是所有的事，面對所有的事，人皆有相應的人情，情與發用層的其他面向同時而在，情乃成爲一種必然，而聖學用功之處正在這應天下萬變之情上（「居常無所見，惟當利害，經變故，遭屈辱，平時憤怒者到此能不憤怒，憂惶失措者，到此能不憂惶失措，始是能有得力處，亦便是用力處。……此爲學之要，而爲政亦在其中矣。」出處同前），不只個人心性修爲如此，連爲政亦在此中。

談到此，會產生一個問題，即：若如上所論，應天下事不出喜怒哀樂四者（情），則應天下事而有之心安，是否也在七情之內？此處的解釋是：亦如上述情與發用層其他面向同時而在，其他面向皆有一對應之情，而心安亦是，例如前述哀哭之例，心安之樂雖不屬於情，但心安之樂在時，情方面有哀以應之，故合於應天下事唯以情。就算心安也屬情，則在一般哀樂矛盾之情不會並存的情況下，因心安所連結之喜怒哀樂因狀況而變（非固定），故心安與喜怒哀樂等必也是分屬並行的兩類而可以分，這也是「情」的呈現本來就具有的內容複雜交錯的特性，皆不損先前分類的合理性，亦不違應天下事唯以情。

以上討論了陽明對於「情」與「屬情之樂」之好壞的看法，以下繼續討論與工夫相關的論述。

七情之樂的功夫與致良知有關

雖然陽明對於情（及七情之樂）的評價正負兩面皆有，但對於情的重視是可以確定的。若這些七情之樂是工夫所要追求的，則如何可得？

從前面的討論可知，陽明所提到七情之樂大約有遂欲、閒適與山水審美之樂、自慊，以及心安可能產生的七情之樂等等。自慊、心安，其實也就是良知之致，故其工夫即是致良知的工夫，即是達到順本體所發之好惡的工夫。而閒適與山水審美之樂，山水自是在那，是否閒適、是否感到美，自與身心之修為程度有關係，也應與心安否有關。處於同樣的山水，陽明可以感到樂、感到美，其他人卻未必可以。若就此而言，則似乎閒適與山水審美之樂亦是與致良知的身心修養有關。至於遂欲，陽明不認為是樂而認為是苦，且，所謂工夫，是必須經過一番努力方可達，若要遂欲，縱欲而為即可，是用不著工夫的。

另外，陽明也提到對於病痛產生的情之不樂以「常快活」（《傳習錄》卷下第 215）作為得樂的工夫。陳九川臥病，不快乃因病而起，問快活的工夫，陽明卻說常快活。快活是要達到的目標，卻反而以目標作為解決的方法〔註27〕。仔細想來，實即陽明視心為一切之根源所致。「病物」乃即心而有，「不快」亦是即心而有，故直接從心中做轉變，以「心中之常快活」治「心中之不快活」，以心之工夫解決心之滯著於因物牽引所產生的某種特定思緒或情緒中，可謂「以心治心」。而此，乃在於「人對心具有完全之轉變能力，可勝過心應物而生的種種變化所演變成的陷溺滯著」之前提下，或者說，是在「人心是有可能超脫各種發用層的約制影響」的前提下，方有可能。而這正是陽明所認為的人人皆可以成為聖人〔註28〕之可以成立之處。

就以上所論，似乎陽明所言得到屬情之樂的工夫皆與致良知分不開。

情的工夫目標

有關情的工夫目標，其實在討論對於情的好壞評價時已經隱含在其中，情之發用評價為好的，亦即是情所要達到的目標，也就是工夫用功的目標所在。如前所言，屬於負面發用的情，是有著，是加了私意，是有過不及，是放縱不合禮，以及這些在效用上產生負面影響的等等。而之所以判為負面或正面，是以中不中節為準，所以，中節是所要努力的方向。例如陽明說：「大抵七情所感，多只是過，少不及者，才過便非心之本體，必須調停適中始得。」

〔註27〕《傳習錄》第 17：「日間工夫覺紛擾，則靜坐，覺懶看書，則且看書。是亦因病而藥。」亦是類此。
〔註28〕《傳習錄》第 318 條：「天下之物，本無可格者，其格物之功，只在心上做，決然以聖人為人人可到。」

（《傳習錄》卷上第 44 條）然而，中不中節又是以良知爲準，如此則是否有著，是否有私意，是否過與不及，是否合禮，皆是以良知作爲判準。換另一個角度來說，則情的工夫目標就是在使發用之情符合良知之知，也就是達良知之致。而因適當、正面之發用稱爲中節，是以所依循的非發用層（即本體層）的良知本體，也稱做未發之中（如《傳習錄》卷中第 155「良知即是未發之中，即是廓然大公，寂然不動之本體」），而「中」也就成爲本體的另一個人們賦予它的稱呼詞。此外，「中」即非過與不及兩個極端，故就情上的形容而言，亦是「和〔註29〕」，而不是突兀、過度或偏激，所以說，關於情的工夫目標，也可以稱做是尋求發用之情的「中和」，而此工夫也就是「致中和」。所以陽明說：「事變亦只在人情裏，其要只在致中和」（《傳習錄》卷上第 37）。

七情之樂的追尋不是情的工夫目標？

就上所論，屬於情之樂相關的工夫似都與「致良知」有關，也與情的工夫目標「致中和」一致，而七情之樂中與致良知學不相符的部分，陽明評其爲價值之負面，視之爲苦而非樂，然則，在情方面，一般而言人所喜好的「樂」，並非始終是人所追求的目標？而有更優先於樂的目標――致良知、致中和？

四、工夫目標之抉擇――七情之樂與心安

樂是否是工夫追求的目標？若是，是哪種樂？若不是，則最高的追求是什麼？

任意的七情之樂不作爲最高追求

如上所論，情的工夫目標是要致中和，而屬情之「樂」包含在「情」中，是以，任意而不理會適當與否的樂並非最高的追求，「中和」的優先性仍高於「樂」。就效用說，縱欲之樂令人形同目盲、耳聾……，營營戚戚，憂患終身，心勞而日拙（《全集》卷 24 頁 925〈爲善最樂文〉），陽明並不以爲是樂，也就是予以否定，故根本不會是追求的目標。而任意的七情之樂包含此縱欲之樂，故不是最高的追求。雖陽明也曾說：「君子之求以自快其心耳」（《全集》卷 24 頁 924〈題夢槎奇遊詩卷〉乙酉），似乎是以樂爲首要追求，但該文前面已言是以「心盡」爲快，且說「君子之學，求盡吾心爲爾」，是故，其目標仍是在

〔註29〕陽明「中節」與「和」常連用成「中節之和」或一起提到。例如《傳習錄》第 45、67、158 條等。

心安,而不是在七情之樂。

心安與合適的屬情之樂作爲最高的追求?

陽明說:「君子之酬酢萬變,當行則行,當止則止,當生則生,當死則死,斟酌調停,無非是致良知,以求自慊而已……若……便不是君子致良知以求自慊之功矣」(《傳習錄》卷中第 170),又說「惟爲人欲所蔽所累,始有不說(悅),今人欲日去,則義理日洽浹,安得不說(悅)。」(《傳習錄》卷上第111)去人欲即致良知,致良知即是心安,亦是中和之致,而自慊、悅是正面的屬情之樂,則致良知同時是尋求心安之樂與適當的屬情之樂的手段,心安與屬情之樂關係密切,心安之樂與適當的屬情之樂同爲工夫的目標。

何以樂要在心安、中和的限制下追求,而不能成爲最優先?在心安之下,人是可以有七情之樂的,但不一定有,需視實際的狀況而有適當之情。人如果只是追求屬情之樂,則不可避免的有過與不及等等不是中和、不是良知之致、不是心安的情況發生。是否,在心安與未必中節的樂之間做選擇,人會選擇心安?此則牽涉到,是否沒有心安的條件,便無法有屬情之樂?在陽明的理論裡,不心安由於是不循理、不誠而於心有欺、不中和而有過不及等等,故在心意與良知本體所發之知的矛盾下,在欺心之下,以及就效用上說,過與不及使得實際生活上產生許多不是樂的結果之下等等,不心安會產生不樂的因素。另外,陽明也說「悅則本體漸復矣」(《全集》卷 5 頁 194〈與黃勉之〉二「甲申」),則本體漸復是悅的充分條件[註 30],若本體不復,也就是不心安,就不會有悅。故在不心安的狀況下,即使有屬情之樂,也是不完全的。此處,屬情之樂或不樂,又牽涉到良知蒙蔽狀況的深淺。倘若蒙蔽甚深,只有極爲偶發的良知靈明,則平日見得良知之機會甚少,幾乎無法察覺良知的存在,故縱欲之樂亦能樂在其中而少有心安不安的問題[註 31]。但是長期而言,總有發現良知之時,於良知發現時,便產生不心安之不樂,且此種不樂可能更爲長久。因此,心安可以說是比樂更根本的條件,心安相應的情不一定是樂,但可能是樂,而心不安情便有不樂。故心安、中和與適度的屬情之樂是同時追尋的目標,而不以無限制的樂爲追尋目標。

─────────────

〔註30〕這裡的邏輯是「本體復則能有悅」,本體復是悅的充分條件。陽明所說「悅則本體漸復」是從觀察結果的角度說,由悅的現象知道本體漸復,故如此說。

〔註31〕例如陽明說,「小人樂得其欲」(《全集》卷 24〈爲善最樂文〉)。

成聖成賢也就是心安作為最高的追求？

在沒有其他衝突之下，雖然說依循良知之知而沒有矛盾衝突，可以產生七情之樂，但所謂「樂是心之本體」與一般所認知的屬情之樂之間有關係的更直接的意義是，在沒有各種發用層的衝突矛盾下，順任本體自然應物展現的情根本就是樂（順任本體自然應物展現仍屬不違反良知發用而仍在心安的範圍內，不是所有的情況都會遇到價值衝突上的判斷抉擇或人情變故，且有些根本無關於價值判斷），而不是哀，更不是麻木無情。但，發用層的變化並不是總是沒有衝突的，在衝突之下以致「致良知」、「中和」、「心安」等與「屬情之樂」無法並存之時，人會選擇那個呢？例如陽明數引《孟子》「苦其心志，勞其筋骨，餓其體膚，空乏其身，行拂亂其所為，所以動心忍性，曾益其所不能」（《孟子》〈告子篇下〉第 15 章《四書章句集註》頁 348）之意以說磨練之必要（如《傳習錄》第 170、《傳習錄拾遺》6、《全集》卷 7〈別三子序〉等），其中〈別三子序〔註32〕〉說：「遂使舉進士，任職就列，吾知其能也，然而非所欲也。使遂不進而歸，詠歌優游有日，吾知其樂也，然而未必可也。天將降大任於是人，必先違其所樂而投之於所不欲，所以衡心拂慮，而增其所不能」（《全集》卷 7〈別三子序〉頁 226），此中明顯的認為，從政是不樂的，但需要用作磨練，衡心拂慮皆功夫用功之處，提高能力優先於追求樂，樂並非第一優先，而有比樂更高的目標。則，在這種過程中，雖心安，但情未必樂，甚至是生理、心理的痛苦，但陽明認為仍是應該選擇此。反過來說，在人所願意的事情上「情」就是樂的嗎？這也未必，陽明說：「凡人情好易而惡難，其間亦自有私意、氣習纏蔽，在識破後，自然不見其難矣，古之人至有出萬死而樂為之者，亦見得耳」（《傳習錄拾遺》第 42），其中私意是人的一種決定，可能也是習慣性的決定，但若見得良知之後，識破蒙蔽之後，即使連死都願意依循良知而行，而死恐怕不是一件「情」上是「樂」的事，因此人所願意做的事，仍是以心安、致良知優先於情之樂。而這，也符合陽明所說的：「良知即是樂之本體」（《全集》卷 5 頁 194〈與黃勉之〉二「甲申」）。

成為聖人、心安、致良知是工夫最高的目標　但樂的追求也佔相當地位

由以上所論可知，心安、致知的追求高於樂的追求，而心安、致知的追求即為陽明最關切的學問目標——成為聖人。致良知（即含心安之樂）與合

〔註32〕三子：徐愛（曰仁），蔡宗兗（希淵），朱節（守中）。

適的屬情之樂間，有重視程度的優先順序問題，同時還有因果的根本性問題（不心安產生不樂），因此成為聖人、致良知、心安高於屬情之樂，是工夫上追求的最高目標。不過，雖然成為聖賢（也就是致良知、心安）是高於屬情之樂的追求目標，但陽明將本體、心安定義為樂，可見對「樂」之重視。心安雖與屬情之樂有直接關係（在不是特殊狀況下相應之情是樂），但畢竟一般不是稱作樂，而本體更是不被稱為樂，陽明把它們定義成樂，使得樂的範圍擴大。若以一般對樂的理解只指涉七情之樂，則致良知可以有樂，但不一定有（例如情的方面可能是哀不是樂），如今如此定義樂，則致良知的範疇與樂的範疇就完全等同〔註33〕，追求成聖成賢即是追求樂，陽明也自認為自己之學是尋樂之學〔註34〕，因此可以說，樂的追求雖不是最高的目標，但是在陽明思想中，它幾乎可以說是在與成聖成賢之致良知並列、甚至一致（把心安之樂、復樂之本體包含進來就是一致）的地位，而各種工夫的目標——包含情以及對於屬情之樂的工夫，總而言之，即是致良知、致中和。不需工夫的任意的屬情之樂，不僅不是追求目標，反而還是工夫所要對治的。

屬情之樂為何不是最高的追求？這是一個難解的問題

「樂」是人所願意的，為什麼人又會願意接受「有節制的屬情之樂」，甚至願意接受「不樂」、接受「痛苦」，而選擇那些所謂動心忍性增益其所不能的事呢？是不是那有更吸引人的地方？還是只因為那是「應該」的方向？那又為什麼是「應該」呢？或者說，人為何要追求道德？而樂又為何低於道德？

人對於道德的興趣是無法說明的　而在道德理論體系中樂亦非決定性項目

人在世上，面對種種狀況、情境，既然不是如同機械人一般依照程式而行，而是具有「能做決定的能力」，則必須要做決定。若就體用體系來說，此即是發用層的性質——雖是「多」，但既「是」什麼便「不是」其他——所必有的限制。這些決定，可以是隨意的，也就是順其經驗、熏習、習慣、心血來潮的興致等等而做的決定，也可以是決定依循某種方向去做且予以正面的肯定。不做決定也是一種決定，它終究也有它的呈現。這些決定，在價值方面而言，即是所謂的道德。

〔註33〕發用層心安之樂，加上屬情之適當之樂，以及本體層的樂。不適當的屬情之樂則判為苦。

〔註34〕如《傳習錄》第166答陸原靜問尋樂之道說每與原靜論無非此意、《全集》卷19頁700諸生：「吾道有真趣」等。

　　在有關價值標準的決定上，爲何人會需要以某個方向作爲標準，想辦法去依循它，而不是順隨感性經驗習慣之種種做任意的決定？若配合康德的說法來增加對於陽明以及此問題的理解，此也就是康德（1724～1804）所說的人爲何會對道德有興趣〔註35〕？此點在陽明並未深究，而康德認爲這點是人類理性所無法說明的，認爲「智思世界底理念本身必須是動機，或者是理性原本感興趣的東西，但是，要使此點可理解，正是我們所無法解決的課題。」（《道德底形上學之基礎》頁95）而此便是一切道德探究之最後界線。我們姑且採取此種說法，就像陽明所說的良知本體，爲何可產生「知是知非之知」之不可理解一般。

　　那麼，退一步問，在人必然有道德的興趣與需要之下，人又爲何決定以某個此爲價值標準而不決定以某個彼爲價值標準呢？換個方向問，也就是上一章所提到的，何以陽明決定以良知之知作爲價值的標準，何以以產生良知之知的本體作爲價值根源？即使道德的需求與興趣是人所必然的，但所決定的道德標準、價值根源之不同，也是爲人所熟知的，在不同的社會中，不同的文化中，不同的時代中，所決定作爲價值根源、標準的「東西」並不一致。在康德，所認爲的價值標準是「理性」，因爲他認爲，絕對的善的價值在於「行爲底原則不受到唯有經驗能提供的偶然根據之任何影響」（同前頁 49），而且「人自己能意願這些格律應當充作普遍之法則」（同前頁 50），也就是意志的自律爲道德的最高原則，且意志自律本身並不以其他感性世界的種種作爲目的。透過「感性世界」與「知性世界」（「智思世界」）的區分，透過「因著事實而證明了其自己之實在性以及其概念之實在性」〔註36〕的「純粹實踐理性」，康德把「對於感性世界底決定原因的超脫」（《道德底形上學之基礎》頁83）的「自由」，與「自律底概念」「不可分地聯結在一起」（同前），以至於「對於一個意識到其由理性而來的因果性、亦即意識到一個意志（原註：它不同於慾望）的有理性者，在實踐方面將這種自由置於其自願行爲之下作爲條件」，「是無進一步條件而爲必然的。」（同前頁93）如此而言，在康德，在擺脫感性世界影響之下的自由，依循實踐理性之道德實踐是一種必然，且正如康德所說，「決定一切價值的立法本身必然具有一項尊嚴，亦即無條件的、無可比擬的價值，唯有『敬畏』一詞可恰當地表達一個有理性者對這項尊嚴

〔註35〕康德部分參閱李明輝譯，康德《道德底形上學之基礎》。
〔註36〕康德《實踐理性底批判》，見牟宗三譯註《康德的道德哲學》頁 127。

必須作的評價」（同前頁 61），故其理論地位是必然高於樂的。

　　接著看陽明的理論。在陽明的體用體系中，就人的角度看，本體是萬事萬物的根源，萬事萬物莫非本體之發用流行，莫非依於本體之理，而本體也是體用體系基本上所設定的價值與存在之來源。因此，在體用體系下，價值之根源必然就是本體，人的「知是知非」之知由本體而來，也是必然。因此，人對於「價值標準的選擇」，是「沒有選擇性」的，而人所具有的「能自己作決定的能力」所能決定的，是決定要不要去依循、順從這個價值標準（也就是良知之知），也就是說，人對於「是否依循此價值標準」，是「有選擇性」的，這也是惡之所以會產生的原因。而良知人人皆有，因此對於此價值標準，也與康德所說的「人自己能意願這些格律應當充作普遍之法則」（同前頁 50）有其共通之意。進一步若跳出體用論，從文化與時代的角度來看，在體用論成為普遍應用的思想基礎之下，在本體廣泛的被用在價值正面的取向之下，陽明以本體做為價值的最終依據，以依順本體之自然發用為善，是可以令人理解的。這樣雖然在其理論之內，由本體而發的良知道德仍是本身就是其目的，並不他依，但是跳出理論之外來看為何以此為價值根源、標準，它便成為有依於外在之變因（即時代思潮），與康德所認為的它本身應就是目的有所不合。不過，若這樣說，則跳出康德之外看，其理性、智思世界等等之概念，亦是承繼啟蒙哲學的傳統，綜合歐陸理性論及英國經驗論而形成的批判哲學〔註 37〕，其對道德的認定與道德標準的依循，亦是在某個傳統之下繼承與轉變的產物。如此，則雖然兩者的共同點都是在其理論體系內道德、價值的需要都是必然的，且道德、價值的根源、標準都是必然一定是什麼（本體、理性），沒有選擇性，但跳出各自的理論體系來看，道德標準的決定，似乎是必然離不開發用層或所謂感性世界的影響。因此，似乎進一步更可以說，不僅因為陽明以本體為價值根源（思想體系內），依順本體自然發用是善，所以樂只能在依順本體中節發用之下被肯定，甚至是因為在儒家重視人世間、重視人倫世界的傳統下（傳統環境影響），依循良知之知的價值判斷的道德，其位置必然是會高於樂。而同時，樂的被正面肯定、被逐漸提升，且與德並行而不悖，也是在不違背重視人倫世界、肯定人間現實之傳統下而成為可能，且是必須。

〔註 37〕參考《道德底形上學之基礎》作者簡介部分。

五、發與未發、未發之中與致中和工夫

　　前面討論過情的工夫目標之後，此處再回到的情的工夫上的討論。情的工夫目標既是中和之已致，在工夫上，就對治個別的負面之情而稱，陽明有例如不加私意、順良知自然之發用等等的討論，而總體言之，是致力於達到中和。其中直接與中和有關的論題，是討論的焦點所在，而此也是關於情之論題的討論焦點。

　　中和問題源自《中庸》第一章：「喜怒哀樂之未發，謂之中，發而皆中節，謂之和。」（《四書章句集註》頁 18）此在宋代以前並未形成一個密集討論的問題。「自伊川有中庸爲孔門傳授心法之說，楊龜山（1053～1135）羅豫章（1072～1135）以至李延平（1088～1158），一脈相傳」〔註38〕，而使此論題明確的成爲討論的主題。於此論題上，程頤（1033～1107）在與呂大臨（1040～1092）的往復討論中，形成了他的論點，之後甚多思想家持續討論過此問題，其中包括朱熹（1130～1200）、張南軒（1133～1180）、王明陽及其後學、王夫之（1619～1692）、劉宗周（1578～1645）以至清末的康有爲（1858～1927）等等，成爲宋明儒學中重要的論題之一〔註39〕。

　　整個中和論題大致包含喜怒哀樂的未發之中、未發與已發之間關係、發用之和而中節等幾個大部分。此論題的發展演變牽涉頗多，足以另爲專文，不在此詳論，此處僅針對王陽明對其中各部的論述做分別的討論。

　　先討論一篇陽明關於此論題的重要篇章：

> 曰「澄於中字之義尚未明。」曰「此須自心體認出來，非言語所能喻。中只是天理。」曰「何者爲天理？」曰「去得人欲，便識天理。」曰「天理何以謂之中？」曰「無所偏倚。」曰「無所偏倚是何等氣象？」曰「如明鏡然，全體瑩徹，略無纖塵染著。」曰「偏倚是有所染著，如著在好色好利好名等項上，方見得偏倚，若未發時，美色名利皆未相著，何以便知其有所偏倚？」曰「雖未相著，然平日好色好利好名之心，原未嘗無，既未嘗無，即謂之有，既謂之有，則亦不可謂無偏倚。譬之病瘧之人，雖有時不發，而病根原不曾除，

〔註38〕 錢穆，《朱子新學案》二，頁 123。

〔註39〕 主要參考：蒙培元《理學範疇系統》第 13 章，張立文《中國哲學範疇發展史人道篇》第 12 章。另外，陽明之學實承程朱甚多，問題之思考很大部分也是以程朱爲起點而來。此發與未發之中和論題即是一例。

則亦不得謂之無病之人矣，須是平日好色好利好名等項一應私心，

掃除蕩滌，無復纖毫留滯，而此心全體廓然，純是天理，方可謂之

喜怒哀樂未發之中，方是天下之大本。」(《傳習錄》上，第 76 條)

在此章中，陽明有系統的說明對中和問題的看法。陽明認為「中」即是天理，而天理即是本體，本體無法言喻，故陽明並未直接回答天理是什麼，而是回答識得天理的途徑。蓋天理本體無法分說，因其為價值根源，故其無所偏倚，而無所偏倚之如明鏡，亦如陽明多次以明鏡喻良知一樣。而陸澄認為，「中」所談的是未發，既未發，何以有中或不中之論，因此有進一步關於未發的提問。陽明在〈答汪石潭內翰〉(《全集》卷 4 頁 146) 一文中說：「喜怒哀樂之未發，則是指其本體而言，性也。」明確的指出「未發」是指本體。此處陸澄所問以「未發」指稱「美色名利皆未相著」時，陽明以「雖未相著」，但是「好色好利好名之心原未嘗無」來回答，而這些並不屬於「本體」，故陸澄所指稱的「未發」與陽明用以指稱「本體」的「未發」意思有所不同，這是必須注意的。文中陽明舉平日好色好利好名之心來說未著相時（也就是未具體的好某色、某利、某名）仍有偏，因此可以知道，陽明認為未著相時，心並非全無意念，仍可能有種種心意之產生，而這些意念「勢必」造成具體發用時的不符合「中和」，也就是在具體可見的發用時，這些未遇美色名利時就存有的好之之心（也屬於發用，不是本體），會干擾發用的合乎天理，使得發用會不中和，必須全部去除才是復得本體，才全得未發之中。是以若有好色好名利之心，則雖還未著相，仍是偏倚，好名利美色之心仍有，故不可謂之無。此意陽明以病瘧之病根喻之，即使在未具體著意於某可見事物時，心中的人欲、駁雜不純的思慮也要全都去除，也就是所謂此心全體廓然，全是天理，則發用時自然不會受到這些思慮的負面影響，純然是天理之流行而中節，如此，才可稱為有未發之中。

　　配合由此章所得的理解，此處接著釐清幾個陽明關於中和論題的論述。

以體用為展開架構　未發指本體　已發指發用　程頤中和論題之論點，是架構在體用體系之上，而陽明亦是。在發用（已發）的部分，陽明於〈答汪石潭內翰〉中認為：「喜怒哀樂之與思與知覺，皆心之所發。心統性情。性，心體也，情，心用也。〔註 40〕」明白地將喜怒哀樂（情）安置於心之發用的層次。而未發的部分，陽明則說「喜怒哀樂之未發，則是指其本體而言」，以

〔註40〕《王陽明全集》卷 4，〈答汪石潭內翰〉辛未，頁 146。

心統性情，分體用而論，〈答汪石潭內翰〉（《全集》卷 4，頁 146）並引程頤「心，一也。有指體而言者，寂然不動是也，有指用而言者，感而遂通是也」〔註41〕而說「斯言既無以加矣，執事姑求之體用之說。」（〈答汪石潭內翰〉）陽明其他有關中和論題的討論也是皆以此作為架構，而此也是陽明思想體系的展開架構。

中是本體　亦是對本體性質的稱謂　如前所提，「中只是天理」，又說「中只有天理」（《傳習錄》卷上第 52）、「良知只是一箇，隨他發見流行處，當下具足，更無來去，不須假借，然其發見流行處卻自有輕重厚薄，毫髮不容增減者，所謂天然自有之中也」（《傳習錄》卷中第 189）、「中也，寂也，公也，既已屬心之體，則良知是矣」（《傳習錄》卷中第 155），這些皆把「中」字的指涉指向良知、天理，亦即本體。而雖然本體沒有所謂（中不中的）性質（或說屬性）可言，但因其為價值根源，也就不可能以偏倚稱之，故作為形容詞的「中」，同時也如前一章述及的種種對於本體的姑且形容一樣，作為瞭解本體的輔助稱謂。

未發之中指本體　亦是復本體之狀態　陽明說：「良知即是未發之中，即是廓然大公，寂然不動之本體，人人之所同具者也」（《傳習錄》卷中第 155），又說：「未發之中，即良知也」（《傳習錄》卷中第 157），因此，陽明所說的未發之中，指的即是良知，即是本體。又，前引《傳習錄》第 76 條的討論中為何說未具體著於名利的這些意念「勢必」不符合「中和」呢？因為陽明認為這些皆屬私欲、私意。陽明在答陸原靜問「好色，好利，好名等心，固是私欲，如閒思雜慮，如何亦謂之私欲」時說：

> 畢竟從好色，好名，好利等根上起，自尋其根便見，如汝心中決知是無有做劫盜的思慮，何也？以汝元無是心也，汝若於貨色名利等心，一切皆如不做劫盜之心一般，都消滅了，光光只是心之本體，看有甚閒思慮？此便是寂然不動，便是未發之中，便是廓然大公，自然感而遂通，自然發而中節，自然物來順應。（《傳習錄》上，第 72 條）

明顯的，陽明認為，在本體已復的狀況下，未處於應接具體的事物時，便是在純然本體的狀態，也就是發用上，無應物而起以外的種種思慮，〔註42〕才

〔註41〕原出原出《二程集‧河南程氏文集》卷9，〈與呂大臨論中書〉，頁609。
〔註42〕《傳習錄》下第 269：「儒家說虛，從養生上來，佛氏說無，從出離生死苦海

能一應物便即是順應本體而發用中節,故陽明說「不可謂未發之中常人俱有。蓋體用一源,有是體即有是用,有未發之中,即有發而中節之和,今人未能有發而皆中節之和,須知是他未發之中亦未能全得。」(《傳習錄》上,第45)此「未能全得」即表示本體之未復,而非表示人沒有此本體。既然在未應物時不應有種種閒雜思慮,在未應物時的種種思慮皆屬私欲,則在私欲皆去的狀況下,在復本體而未應物的狀況下,既無這些思慮,則人便是在純然本體的狀況中,也就與本體一體,故所謂未能得此未發之中的本體亦可從「未應物時未能處在本體狀態中」來理解。又,既然復本體時是沒有任何閒思慮存在,應物時完全是直接順本體而發用,不經過任何繁複的思慮,當然也就極為簡單,而此不經過人為私意所加的種種思慮,直接由本體應物發用的同時

上來,卻於本體上加卻這些子意思在,便不是他虛無的本色了,便於本體有障礙,聖人只是還他良知的本色,更不著些子意在。……聖人只是順其良知之發用,天地萬物,俱在我良知的發用流行中,何嘗又有一物超於良知之外,能作得障礙?」亦是有此意。蓋發用落於具體的名利時,有這些私意在,則其未落於這些具體的名利之前,必有閒思慮(也都是私意)病根在。從另一方向來說,同樣的,有這些私意、閒思慮病根在,則必會干擾發用而有著、過不及,並見於具體的好名利等上。總之,私意若在,是不論是否著於顯見的名利上都在,須完全的去除,才能回到發用時完全順良知本體的自然發用。換一個方式說,則是發用層上有兩部分,一部份是自己的私意,一部份是順本體自然而發的意,而發用結果由這兩部分而定,私意的部分須完全去除,才能發用皆是順本體的自然發用。另外,陽明教人靜坐,亦是有藉不與具體事物接觸時,這些思慮病根更為明顯,以除去這些閒思慮之作用,而回復到完全無這些私有思慮的狀態(如《傳習錄》下第279)。但此意似與《傳習錄》卷下第202陽明答九川問「當自有無念時否?」時所言的「實無無念時」矛盾。然觀該章所言,陽明是對治九川以靜坐求息念之弊而答,且後提及的戒懼之念,乃是伴隨於發用時在發用層之念,未應接具體事物時並無此,故可知陽明指的是平時與物接時之念,且,若不是在例如靜坐之狀況中而達、而在本體狀態,平日時時刻刻無不在應物生念,不可能去之,此念但求其正,而非於靜坐中刻意去求念之息。若依此理解,尚無矛盾。另《傳習錄》卷中第162亦類似,「只是一念良知徹頭徹尾,無始無終,即是前念不滅,後念不生,今卻欲前念亦滅而後念不生,是佛氏所謂斷滅種性,入於槁木死灰之謂矣。」良知本體無時不在,但良知「知是知非」之念是應物而有,生活中隨時在應物,故隨時是一念良知。陽明反對只耽在空寂無念之狀態。故此所指的念不滅,亦是指日常應物。由這點也可看出,陽明在存有方面,認為未應物時心與物同歸於寂,在道德、價值方面,亦是採同樣的觀點。另外,要補充說明的是,關於「物」,陽明認為意之所在即為物,故即使如靜坐中自己的種種思慮皆算是「物」,但這些不算是應物而起的,而是自己產生的閒思慮,而所謂的應物,凡日常起居坐行,莫非應物,未必特地指某些事才算應物。

所產生的思慮，則是純然符合良知天理之流行，由此，便也可以瞭解陽明所說的「何思何慮」（《傳習錄》卷中，第 145）、「何等明白簡易」（《傳習錄》下，第 283）以及「良知發用之思，則思索莫非天理矣，良知發用之思，自然明白簡易。」（《傳習錄》卷中，第 169）。

「和」即是良知之自然發用流行　陽明關於「和」比較直接的論述如：

> 喜怒哀樂發皆中節之謂和。哀亦有和焉，發於至誠，而無所乖戾之謂也。夫過情，非和也，動氣，非和也，有意必於其間，非和也。孺子終日啼而不嗌，和之至也。（《全集》卷 27 續編二〈與許台仲書〉頁 1012）

而陽明同時也認為，「良知只是一箇天理自然明覺發見處，只是一箇眞誠惻怛，便是他本體」[註43]，因此發之於至誠的和，即是良知之自然發用[註44]，而「無所乖戾」，也可說是對於良知而言。情之過、動氣、意必之心，皆前文所述「情」的種種負面呈現或造成負面呈現的因素，去此種種負面即是中節，即是和，而去此種種亦即是讓良知自然發用流行，故「和」可以說即是良知之自然發用流行。

　　陽明「中／和」並未分說　而「已發／未發」其實是一　「中／和」及「未發／已發」在程頤是分說的。程頤說：「既思即是已發，纔發便謂之和，不可謂之中也」（《河南程氏遺書》卷 18《二程集》頁 200），「或問『有未發之中，有既發之中』」，程頤答曰「非也，既發時，便是和矣，發而中節，固是得中，只爲將中和來分說，便是和也」（同前頁 201）。而朱熹經過與張南軒（1133～1180）的往復辯論，有中和新、舊之說，亦得至與程頤相似之旨 [註

〔註43〕《傳習錄》卷中，〈答聶文蔚〉二，第 189。

〔註44〕從另一角度看，「未發之中，即良知也」（《傳習錄》中，第 157），則由未發之中所發的已發之和，亦即良知之順暢發用。

〔註45〕朱子中和舊說幾篇代表性文章爲中和舊說四書（《朱子大全・文集》卷 30 頁十九、二十〈與張欽夫十書〉之第 3、4 書及卷 32 頁四、五〈答張敬夫十八書〉之第 3、4 書）以及〈中和舊說序〉（《文集》卷 75 頁二十三）等。新說代表性文章有〈已發未發說〉（《文集》卷 67 頁十）、〈與湖南諸公論中和第一書〉（《文集》卷 64 頁二十九）、〈答張敬夫十八書第 18 書〉（《文集》卷 32 頁二十五）等等。舊說各篇，初以日用應物爲已發，寂然不動之本體爲未發，接著又以往來分已發未發，又再認爲無立腳下工夫處，繼之以人心爲已發，未發爲其性，一再否定前書所論。而於〈中和舊說序〉中，說以前之過於自信而反自誤之非，並以文誌之，「蓋所以深懲前日之病」。新說部分，在〈已發未發說〉中，朱熹指出舊說主要錯誤在於「以心爲已發」（伊川初亦以心爲

45〕。陽明認爲朱熹之定說即「今之中庸註疏是也」(《全集》卷 4〈答汪石潭內翰〉頁 147)。而陽明自己基本上雖也是以心統性情的架構爲出發點解釋，雖也有如「正心修身工夫，亦各有用力處，修身是已發邊，正心是未發邊，心正則中，身修則和」(《傳習錄》上第 88) 這樣分開的說中和，但這是一般方便之說，實際上，陽明更明顯地強調「中／和」是一。此與陽明對於「未發／已發」的視爲一有關。而「未發／已發」的視爲一，其根源是體用一源思想的根本重視與運用。陽明說：

> 未發在已發之中，而已發之中，未嘗別有未發在者，已發在未發之中，而未發之中，未嘗別有已發存者，是未嘗無動靜，而不可以動靜分者也。〔註46〕(《傳習錄》，第 157 條)

用中見體，體不離用，故未發在已發之中，已發未嘗別有未發在。

> 「只緣後儒將未發已發分說了，只得劈頭說箇無未發已發，使人自思得知，若說有箇已發未發，聽者依舊落在後儒見解，若眞見得無未發已發，說箇有未發已發，原不妨，原有箇未發已發在。」問曰「未發未嘗不和，已發未嘗不中，譬如鐘聲，未扣不可謂無，既扣不可謂有，畢竟有箇扣與不扣，何如？」先生曰「未扣時原是驚天動地，既扣時也只是寂天寞地〔註47〕。」(《傳習錄》，第 307)

已發，後覺不妥，改爲心有分指體用之說，見《二程集‧程氏文集》卷 9 頁 608〈與呂大臨論中書〉，而朱熹初以爲以心爲已發雖與伊川之言不合，但因自信而不信伊川之言)，以及導致「所謂致知格物亦以察視端倪爲初下手處，以故缺卻平日涵養一段工夫。」而其新說主要是「以心爲主而論之」，承張載心統性情(見《張載集‧性理拾遺》頁 374)之說以爲架構，而以中、靜、「思慮未萌，一性渾然」等爲未發，爲「寂然不動者」，是「心之所以爲體」，又以和、動、「思慮萌焉，則七情達用」等爲已發，是「感而遂通者」，是「心之所以爲用」。與伊川同爲中和分說，已發未發分說。朱熹雖也說「一動一靜互爲其根」，並提到「體用未始相離」，略有修正，但後者非其強調之處。其工夫則重在未發之時的存養(「人自有未發時，此處便合存養」)，而特重「靜」中工夫，「正謂未發則只有存養，而已發則方有可觀也。」亦即先存養而後省察(主要見第 18 書)。陽明所認爲的朱熹在《中庸》註中的定說則爲「喜怒哀樂，情也，其未發，則性也。無所偏倚，故謂之中，發皆中節，情之正也，無所乖戾，故謂之和。」(《四書章句集註》頁 18)，意旨與上述新說諸書合。

〔註46〕《傳習錄》此條亦言：「心之本體，固無分於動靜也，理無動者也，動即爲欲，循理則雖酬酢萬變，而未嘗動也，從欲則雖槁心一念，而未嘗靜也，靜中有動，動中有靜。」蓋循理之萬變似爲動，但所循之理爲靜(或循理一事並無變化)，從欲時之念有時似若靜，然欲即爲動，亦即「動中有靜，靜中有動」。

〔註47〕此處即是說已發、未發都是中和，不用刻意區分中與和。問句所舉鐘聲之比

此處無未發已發與有未發已發之比較，即陽明與朱熹說法比較來看的修正處。而陽明又說：

> 不消去文義上泥，中和是離不得底。如面前火之本體是中，火之照物處便是和，舉著火，其光便自照物，火與照如何離得？故中和一也。（《傳習錄拾遺》，第24條）

則強調「未發之中」與「已發之和」爲一的意旨更加明白。

中和不只在一時之事　須是無所不中無所不和　陽明認爲，常人因有昏蔽，是以雖中之本體常在，發用卻未必「中」未必「和」。然而所謂中和，卻須是無所不在。《傳習錄》中對此亦有所闡釋：

> 澄問「喜怒哀樂之中和，其全體常人固不能有，如一件小事當喜怒者，平時無有喜怒之心，至其臨時，亦能中節，亦可謂之中和乎？」先生曰「在一時之事，固亦可謂之中和，然未可謂之大本達道。人性皆善，中和是人人原有的，豈可謂無？但常人之心既有所昏蔽，則其本體雖亦時時發見，終是暫明暫滅，非其全體大用矣，無所不中，然後謂之大本，無所不和，然後謂之達道，惟天下之至誠，然後能立天下之大本。」（《傳習錄》上，第76條）

陽明所要尋求的「中」，不是一事一時的偶然之中，而是要無間斷的，任何事上的無所不中。而所謂「中和是人人原有的」，是就本體而言，本體人人皆有且同。接著陽明認爲，至誠才能立大本，而大本是無所不中，故至誠才能無所不中。其實，無所不中、無所不和與誠，皆是純然復良知之本然，故至誠即是無所不中。無所不和、無所不中、至誠，可以皆指發用層之發用，也可以皆指本體層，不過此處指發用層的全然符合本體發用之良知，否則因爲本體本來就是稱爲中、本來就是稱爲誠，本來就無時不在，就不用特地討論了。

喻，就問者的語意看，有「鐘」、「鐘聲」及「扣」三個區分，而從陽明的回答來看，則排除了「扣」這個角色，而以「鐘」喻「體」，以「聲」喻「用」。蓋在體用不二之下，人之順任天理自然發用流行之應物處事，體在用中，即用顯體，只是一，並非切成「體」與「用」兩端，故不需要在「體」與「用」之間加入一個類似「扣」的啓動角色或連接角色。也因爲本無這個啓動角色或連接角色，故任何時地的呈現無不是體之用，也就是不論是所謂的巨響或所謂的寂靜，皆是「鐘」之「聲」，「鐘」無時無刻不在，「聲」亦無時無刻不在。無時無刻不在的「聲」，可以如俗稱寂靜爲所謂的寂天寞地、稱巨響爲驚天動地，也可以反過來稱寂靜爲驚天動地、稱巨響爲寂天寞地，皆無損於「鐘」與「聲」（世俗所謂無聲也是一種聲）之同在，猶如「體」與「用」之不二。

致中和工夫從未發之中上養來 在發用處著力 在工夫方面,應是在已發或是未發用功?伊川認為,「未發之前,更怎生求?只平日涵養便是。涵養久,則喜怒哀樂自中節。」(《二程集・河南程氏遺書》卷 18 頁 201)而於人問求中於喜怒哀樂未發之前如何,則答曰「不可。既思於喜怒哀樂未發之前求之,又卻是思也。既思即是已發,纔發便謂之和,不可謂之中」(前揭書頁 200),「若言存養於喜怒哀樂未發之時,則可,若言求中於喜怒哀樂未發之前〔註 48〕,則不可」(同前),又說:「只喜怒哀樂不發,便是中也」(前揭書頁 201),可知伊川認為本體層的中是無法做工夫的,只能在喜怒哀樂發用前存養於發用層,而至於「中」,「善觀者」「於喜怒哀樂已發之際觀之」(前揭書頁 201)。朱熹此部分基本上與伊川同,認為是存養於未發之時,而已發方有可觀,並特重靜(參閱註 45)。程頤解已發未發,雖基本上建構於體用體系上,但主要並非直接以體用作為討論,就體用系統上來看,各詞語區分就不是那麼清楚,自然也未於發用層區分出應物與未應物的區別。程頤比較注意的是未發是「中」以及發是「和」的區別、未發已發之不可見與可見之區別,所以在工夫上只能說到可存養於未發時,觀中於已發之際。而朱熹則明確以體用解釋中和(例如〈答張敬夫十八書第十八書〉),且又說:「未發之前是敬也,固已立乎存養之實,已發之際是敬也,又常行於省察之間」(同前),敬已屬發用層了,但卻說在未發之前,且又有個已發之際是省察作用處,就其文意脈絡來看,是在發用層已作了「未應物」與「應物而發」的區分。接著又說「方其存也,思慮未萌,而知覺不昧,是則靜中之動,復之所以見天地之心也」(同前),思慮未萌可以說是本體層次,但知覺屬發用層,知覺不昧,又可以指本體層與發用層兩種用法,且此處重點不在體用,而在動靜。下文又說「且如灑掃應對進退,此存養之事也」(同前),則把存養放到更為具體的行為事件上,此在陽明明確的屬於發用層的應物而發,而朱熹認為是屬於未發的存養。由這些討論可知,以朱熹體系來看,朱熹於已發未發論題上的區分與討論不如陽明清晰,與其說朱熹以體用論述已發未發,不如說朱熹於已發未發論題重在「動靜」之辨。也因為他重在動靜之辨,所以在工夫上會以涵養(存養)省察作為重點,而以較偏向屬靜的涵養為先、

〔註 48〕 「未」字已經有之前的意思,又說一個「之前」,成為發之前之前,於語意不通。依文意,此未發之前並非指還有一個前於未發的時候,而就是指未發之時。陽明解此句也是以程子此句是「為求中於喜怒哀樂未發之時者言也」解之(《全集》卷 4〈答汪石潭內翰〉頁 147)。

爲本。至於陽明，以十分明確的體用體系作爲思想體系的展開架構，在體用體系下將已發未發釐清得更徹底。已發是指發用層，未復本體時，即使無應物而發的已發，發用層卻仍有許多不是具體應物而發的閒思慮病根在（也屬於已發），那些皆是干擾發用恰當的負面因素（也就是所謂「惡」的來源之一）。在本體全復的狀況下，未發是純然本體，發用層無任何思慮等等的駁雜，一旦應物發用，則莫非天理之自然流行。因此，在工夫上，便是在非應物的部分，要對治這些閒思慮等病根，在應物的部分，於發用事變所相應的情上下功夫矯正，前者（非應物部分）即是陽明所說的「聖人到位天地，育萬物，也只從喜怒哀樂未發之中上養來」〔註49〕，「本體上如何用功？必就他發處，纔著得力。」（《傳習錄拾遺》第24），而後者（應物部分）就是陽明屢次強調的在人情事變上做工夫（如《傳習錄》第37，《全集》卷4〈與王純甫〉頁154等等）之說。若比之於朱熹，可以說陽明是涵養與省察兩路皆重，此乃體用體系下體用不二的結果。所以，陽明強調不要刻意把「已發」與「未發」、「中」與「和」分割爲二，故而在工夫上把未應物時發用層的閒思慮等病根全部去掉，回復本體，才稱爲未發之中，此時也才「稱爲」「有」未發之中，而有此未發之中時，發用自然的就中節而和，因此「致和即是致中。萬物育，便是天地位」（《傳習錄拾遺》第24）。

談到此，補充說明一下前引《傳習錄》上第76條中，陸澄所稱的未發。在陽明，已發指發用層，包含喜怒哀樂應物而發，另外還有個不是應物的東西（閒思慮），而陸澄所指的未發是指未具體應物而言，所以雖無前者，仍有後者，仍含有發用層的部分，與陽明不同。陽明所說的未發之中、未發，都是直接指涉其最終達到的狀況，最終狀況本體是未發，凡已發皆是「應物」而發的，故在未達最終復本體狀況時，才會有「有」或「沒有」未發之中的問題，不然本體層的未發之中無時不在，哪來的「有」或「無」？而那些所謂的病根，正是理想狀況中（即復本體狀況下）定義的未發、已發之外，還未達到理想狀況時在發用層「未應物時」（就陽明而言，也屬於已發，就陸澄所說，算是未發）仍留有的東西，也才所以稱爲病根，也是必須去除的部分。於此有所瞭解之後，不難瞭解爲什麼陽明說「顏子不遷怒，不貳過，亦是有

〔註49〕《傳習錄》卷上，第30。此存養、涵養並非養其本體（本體什麼都不是，無法養，無法對象化），而是未應物時透過存養涵養工夫徹底的化除發用層的閒思慮等私意，讓本體能通透自然展現，故曰養。存養工夫去除未應物時之閒思慮等私意仍是屬於發用層，但是雖其屬於發用層，此工夫卻是指向復其未發本體（本體層），故說養其未發之中（未發之中是本體層）。

未發之中始能」(《傳習錄》,第 114),此是因爲「有」未發之中即是本體已復,
「未發之中」(亦即本體良知)的應物發用不再有任何干擾阻礙,自然有不遷
怒、不貳過的良知表現。由此也更能瞭解在工夫上陽明所說的無間於有事無
事(《傳習錄》第167)、說伊川延平於已發未發做工夫皆是(《傳習錄》第75)、
說有未發之中即有已發之和(《傳習錄》第 67、《傳習錄拾遺》第 24)、說至
誠才能無所不中(因爲至誠等於完全復其體,上引《傳習錄》第76):

> 致知之功,無間於有事無事〔註50〕,而豈論於病之已發未發邪?(《傳
> 習錄》卷中第 167 條)

> 問,「伊川謂『不當於喜怒哀樂未發之前求中』,延平卻教學者看未發
> 之前氣象〔註51〕,何如?」先生曰「皆是也〔註52〕。伊川恐人於未發
> 前討箇中,把中做一物看,如吾向所謂認氣定時做中〔註53〕,故令只
> 於涵養省察上用功,延平恐人未便有下手處,故令人時時刻刻求未發
> 前氣象。使人正目而視惟此,傾耳而視惟此,即是『戒慎不睹,恐懼
> 不聞』的工夫,皆古人不得已誘人之言也。」(《傳習錄》卷上第75條)

> 問「名物度數,亦須先講求否?」先生曰「人只要成就自家心體,
> 則用在其中,如養得心體果有未發之中,自然有發而中節之和,自
> 然無施不可〔註54〕,苟無是心,雖預先講得世上許多名物度數,與

〔註50〕 沒應物時,去除這些屬於發用層,但非具體應接事物而發的病根,直復未發
本體,有應物時,就應物上,也就是人情事變上,下糾正省察的工夫,故用
功無論於已發未發。

〔註51〕 李侗,《李延平先生文集》(收於《百部叢書集成・正誼堂全書》,台北:藝文印
書館)卷2:「先生令靜中看喜怒哀樂未發之謂中未發時作何氣象。」(頁十六)。

〔註52〕 就陽明而言,喜怒哀樂未發時是治病根,而病根的察覺是以那無法聞見的本
體爲準,去除這些細微思慮(喜怒哀樂未發時涵養)與從微處「因用以求體」
(《全集》頁146)(觀未發氣象)其實是一件事的兩面說法,都是工夫所在,
但「中」是無色無相的本體,若誤認未發時有個叫做中的東西,刻意去找尋,
就不對了。這和把發用層的某種現象,如其下文所言的「氣定」,當作是中,
是類似的錯誤。由此,故陽明說,伊川與延平皆是。

〔註53〕 見《傳習錄》第28,寧靜存心只是氣寧靜,是發用層的一個現象,並非未發
之中的本體,也非致中──也就是致良知──的根本工夫。根本工夫是去人
欲、存天理。

〔註54〕 「有」未發之中即是指在本體已復之下,故無那些發用層的非應物而發的(未
應物時就有的)閒思慮病根,也就是沒有發用層的種種習性干擾,自然所發
就皆是中節而和的,即所謂「中和一也,內無所偏倚,少間發出,便自無乖
戾」(《傳習錄拾遺》第 24),也就可稱爲無施不可。此和孔子所言「從心所欲

己原不相干，只是裝綴臨時，自行不去，亦不是將名物度數全然不
理，只要知所先後，則近道。」(《傳習錄》卷上第 67 條)

在去除發用層種種非應物而發的閒思慮病根的理解下，亦可進一步理解陽明
在致中和、致良知較具體的工夫上所說的順其自然，有著便過與不及便是私
(《傳習錄》，第 167、58、101)、說謹獨(《傳習錄》，第 37)、說正心(《傳
習錄》，第 119)：

> 聖人致知之功，至誠無息，其良知之體，皦如明鏡，略無纖翳，妍
> 媸之來，隨物見形，而明鏡曾無留染，所謂情順萬事而無情也〔註
> 55〕，無所住而生其心。(《傳習錄》卷中第 167 條)

> 喜怒哀樂本體自是中和的，纔自家著些意思，便過不及，便是私〔註
> 56〕。(《傳習錄》卷上第 58 條)

> 「不作好惡，非是全無好惡，卻是無知覺的人。謂之不作者，只是
> 好惡一循於理。……」……曰「如好好色，如惡惡臭，則如何？」
> 曰「此正是一循於理，是天理合如此，本無私意作好惡。」曰「如
> 好好色，如惡惡臭，安得非意？」曰「卻是誠意，不是私意〔註57〕，

〔註55〕凡發用之情皆是應物而發，發用層無任何病根閒思慮，也就不會以己之思慮
去做任何的執「住」，應物而有情，不應物時即不生情，也就是所謂的無留染、
如明鏡般。

〔註56〕自家所加的這些意思，就是指發用層非應物而發的部分，那些部分是自己在
發用時會加予發用上產生偏差的，自然就會有過與不及，又因為那些是在應
物時的自然發用之外，所以是私，不是廓然大公之天理本體。此處說「本體
自是中和的」，由「人自己的私意與它有所差距」以說「過與不及」，也是陽
明以良知本體作為價值來源的理論中當然的說法，此在《傳習錄》卷下第 304
條裡看得更明顯：「問『良知原是中和的，如何卻有過不及？』先生曰『知得
過不及處就是中和。』」另外，像此條(58)談「是什麼」時一併談到其工夫
上的相關事項「著」、「私」等等，這是陽明本體與工夫不離之說法的例子之
一，可以看到陽明論述中非常多地方都會把本體與工夫以很高的相關度牽涉
在一起討論。

〔註57〕此意乃應物而發之意，是天理良知本體流行之意，不是未應物時發用層的閒
思慮(而好樂忿懥之意也在這些閒思慮病根之內，並參雜於應物發用之意

誠意只是循天理，雖是循天理，亦著不得一分意，故有所忿懥好樂
則不得其正，須是廓然大公，方是心之本體，知此即知未發之中。」
（《傳習錄》卷上第 101 條）

澄嘗問象山在人情事變上做工夫之說，先生曰「除了人情事變，則
無事矣。喜怒哀樂非人情乎？自視聽言動，以至富貴貧賤，患難生
死，皆事變也，事變亦只在人情裏，其要只在致中和，致中和只在
謹獨〔註58〕。」（《傳習錄》卷上第 37 條）

爲學工夫有深淺，初時若不著實用意去好善惡惡，如何能爲善去惡？
這著實用意，便是誠意，然不知心之本體原無一物，一向著意去好
善惡惡，便又多了這分意思，便不是廓然大公。書所謂『無有作好
作惡』，方是本體，所以說有所忿懥好樂，則不得其正，正心只是誠
意工夫裏面〔註59〕。體當自家心體，常要鑑空衡平〔註60〕，這便是

中），故是誠意，故不是私意。無私意，故無有作好，無有作惡。但又因應物
而發，有自然的好惡之意，故又說如好好色，如惡惡臭。在良知未復時，這
些閒雜思慮（也就是私意）會參雜在應物而發的種種發用中，而影響發用之
中、發用之正。

〔註58〕人面對所有的事，都有相應之情，故工夫只在人之情上。關於情的工夫，只
是致中和，致中和工夫之要，具體言之，在於謹獨。工夫之要在於謹獨，此
甚可理解，因爲致中和、致良知總之是要去除非順良知本體應物而發的種種
思慮上的不當選擇或習性，而表現於外在被視爲錯的行爲，明顯可見，眾人
皆知，雖行爲上也是要去糾正，但並非治本，行爲之決定者是這些思慮意念，
必須從這些思慮意念上去改才行，而這些思慮意念並非別人所能察知的，而
所謂謹獨，乃謹慎查察、糾正其所獨知之處，也就是在這些別人所無法察知
的思慮意念上謹慎小心，於應物發用時，去除其私意雜質，使其純然是良知
本體發用，於未應物時，完全去除閒思慮，以歸於本體本然，故說致中和只
在謹獨。由此，也可體會出爲何靜坐被宋明理學家所重視，蓋因於應物發用
時，這些雜思、偏見、私意等等，是混雜在應物發用的思慮之中，應物之時，
習性及事物的牽制與影響所造成的蒙蔽程度不同，能察覺到良知而判明哪些
是偏是雜的情況或多或少也不同，故藉由靜坐除去應物的種種發用，直接面
對發用層這些非應物而有的種種思慮、私意、偏見等等，同時，也更清楚的
認得哪些是蒙蔽，也就同時是在「認得良知明白」（《傳習錄》卷下290、卷中
162），同時是在培養良知的朗現程度。但，畢竟這只是輔助方法，不是終極
目標，所以認得良知明白時，人情事變上都可以做工夫，不必一定要靜坐，
也不消說培養亦是在發用影響較少的夜間良知所設的「夜氣」（《傳習錄》卷
中第 162）。因此，爲避免靜與靜坐被學者視爲目標而養成好靜、枯寂之習，
故後來陽明教法只說致良知（《傳習錄》卷下第 262）。

〔註59〕「正」是對於依循良知本體而發的心意而說。忿懥好樂都屬於發用層這些應

未發之中。(《傳習錄》卷上第 119 條)

小結 由本單元之討論，可以更清楚的瞭解到，在陽明學說裡，學說工夫目標與情的工夫目標都是中和本體之致，也就是良知之致，而致中和、致良知各工夫間之關係，其實是密切、相通的。在這些工夫之下而達到中和、良知之致，則良知之致的心安之樂是必然有的，而情也有其適當的對應展現。能心安且有屬情之樂固然甚佳，以心安爲主而有不是樂的適當之情亦正是人生種種變化之所難免。在心安之下，人自己心中有所安頓，而人與人之間的生活亦有所安頓。

第五節　對陽明生活中認爲的樂事所做的觀察：一種肯定認同世間卻對於隱逸閒適之生活欣然嚮往之的人生態度

以上幾部分，分別討論了陽明所談之樂的三種意涵，這是在理論方面。至於，在具體的生活中，陽明關於樂這方面的呈現又是如何？這是以下所要討論的。

如本章開頭所交代的，「認爲」和「感到」的樂在陽明關於樂的有限文獻中並未明顯區分，故在此視爲等同而論。另外，有特定的具體事，都是屬發用層，發用層的萬事萬物不勝枚舉，文獻中所提到的，也只是生活中有被記下的，不能說是生活的完整面貌，但也大致可以看出生活中關於樂的一些傾向。以下，便從幾個部分來看陽明生活中的樂。

物或非應物時私自的意思，這些人自己所加的好惡意思，並非順本體自然而發的，故對於應物自然而發的部分便會有所影響，順本體應物而發的稱爲「正」，這些受個人意思影響的當然也就是「不正」了。至於所言正心屬於誠意工夫，是因全然的自然應物而發的意，是至誠之意，而正心是要去除這些影響「純然順本體應物而發的至誠之意」的「個人私加之意念」，故正心也是誠其意裡面的工夫。

〔註60〕鑑空衡平語見朱熹《大學或問》：「人之一心，湛然虛明，如鑑之空，如衡之平，以爲一身之主者，固其眞體之本然，而喜怒憂懼，隨感而應，妍蚩俯仰，因物賦形者，亦其用之所不能無者也。」(《文淵閣四庫全書》，臺灣商務印書館，第 205 冊頁 85)陽明此處說明本體之復不能以著意爲之，應順其自然，讓本體良知如鏡之朗照，如此所體會、所達到的，才是未發之中的本體，而其發用也才是未發之中的發用。

良知之學與交遊的快樂

良知是陽明學說的中心，同時，陽明也認爲致良知是一件快樂的事，「人若復得他完完全全，無少虧欠，自不覺手舞足蹈，不知天地間更有何樂可代？」（《傳習錄》卷下第 261）由於良知之致是如此的快樂，因此從事良知之學的學習與討論也自然是一件可樂之事，陽明在文章中屢次提到，例如「吾道有眞趣」（《全集》卷 19 頁 700〈諸生〉）、「講習有眞樂」（《全集》卷 19 頁 699〈諸生夜坐〉）、「每與原靜論，無非此意（尋樂）」（《傳習錄》卷中第 166）等等，這也是陽明在理論上有所依據，與其「人心本自說（悅）義理」（《傳習錄》第 111）的說法相符的。甚至，連在教育上也是須引導其發現學問之趣，才能主動的進步（「今教童子，必使其趨向鼓舞，中心喜悅，則其進自不能已」（《傳習錄》第 195）。

爲學不能獨學，陽明的樂於學，也不只一次提到與友切磋之樂。這其中，也含有人與人之間互動、溝通、瞭解的交遊之樂。例如陽明說「甘泉近有書來，已卜居蕭山之湘湖，去陽明洞方數十里耳，書屋亦將落成，聞之喜極。誠得良友相聚會，共進此道，人間更復有何樂！區區在外之榮辱得喪，又足掛之齒牙間哉？」（《全集》卷 4 頁 154〈與王純甫〉壬申）此「更復有何樂」，除了因此學問本身是尋樂之學外，良友與聚，恐怕是陽明所殷殷期盼的，相較之下，世俗的種種得失，也就微不足道了。另外，在與黃宗賢（1480～1554，黃綰，陽明門人）的一段書信中，亦是此意。文中各友無法相聚之思，娓娓道來，末以「日仁入夏當道越中來此，其時得與共載，何樂如之」（《全集》卷 4〈與黃宗賢〉四癸未頁 151）爲結，期盼與友共聚論學之意十分明確。而從陽明另一段反面的說無交遊也可以樂的詩中，更可以看出，正是因他重視交遊之樂，故而於無友人相聚時，有獨自亦可行樂之說：

> 十里湖光放小舟，謾尋春事及西疇，江鷗意到忽飛去，野老情深只自留。日暮草香含雨氣，九峰晴色散溪流，吾儕是處皆行樂，何必蘭亭說舊遊？（《全集》卷 19〈尋春〉頁 665）

視事變患難爲工夫磨練之處而去苦

陽明說：「凡動心忍性，增益其所不能者，正吾聖門致知格物之學，正不宜輕易放過，失此好光陰也。知此則夷狄患難，將無入不自得矣。」〔註 61〕

〔註 61〕《傳習錄拾遺》6。

陽明把世上的種種事變患難，都視爲磨練自己心志、學習致良知學的好時機，所以這些患難對於陽明而言，已不再是患難。在各種處境之下，心安踏實的做去，「素其位而學，不願乎其外。素富貴，學處乎富貴，素貧賤患難，學處乎貧賤患難」，甚至轉變爲因工夫進展而得的快樂，「無入而不自得」〔註62〕，如此，則「道在險夷隨地樂」（《全集》卷 19〈睡起寫懷〉），生活中的快樂會多很多。陽明這種在事變上做功夫而把許多患難憂懼都視作磨練功夫而不至於痛苦的思想，實於許多憂患痛苦中得來（「某于良知之說，從百死千難中得來」，《傳習錄拾遺》第 10），學問也得力於一生諸多的痛苦患難，因此不僅面對患難有如此堅強而穩固的態度與想法（「先生用功，到人情事變極難處，見其愈覺精神」，《傳習錄拾遺》第 18），在勉勵後學時，也是以同樣的思路鼓勵、開解後學。例如與王純甫（1487～1547，陽明門人）的書信中，對於王純甫的不順利與困境，「始聞而惋然，已而復大喜。」（《全集》卷 4 頁 154〈與王純甫〉壬申），復以《孟子》「動心忍性」、「生於憂患」（〈告子篇下〉第 15 章）以及自己的經歷爲例，說明這些地方恰爲用功之處。

然而，在陽明而言，以直接方式的視其爲做工夫處來對治也不是面對患難時的全部想法，以寬廣不執的心態去面對，也是將痛苦消彌於無形的必要心態之一。或者反過來說，因爲不再有被視爲患難的事，所以心中自無患難存在。而此想法，與其情順萬物而不著的思想亦是一致的。陽明說：

> 險夷原不滯胸中，何異浮雲過太空，夜靜海濤三萬里，月明飛錫下
> 天風。（《全集》卷 19〈泛海〉頁 684）

其中所呈現出來的，是一片廣闊豪邁氣象。

山水、閒適與歸隱

陽明有不少篇章談到的樂是與山水遊賞有關，如前談陽明提到的屬樂之情時所舉的數篇。然而，陽明在這些篇章中的樂，往往不是純粹的因欣賞這些「物」的美而樂，而是多多少少與閒適的心境並敘。除了前引的幾首外，例如在《傳習錄》第 184 也是：

> 會稽素號山水之區，深林長谷，信步皆是，寒暑晦明，無時不宜，
> 安居飽食，塵囂無擾，良朋四集，道義日新，優哉游哉，天地之間，

〔註62〕《全集》卷 4 頁 154〈與王純甫〉壬申，另《全集》卷 24 頁 924〈題夢槎奇遊詩卷〉等亦有相同意思。

寧有樂於是者？（《傳習錄》第 184 條）

此篇陳榮捷註本引佐藤一齋（1772～1859）云：「會稽以下，寫出遯世無悶，樂天知命狀景」（《傳習錄詳註集評》頁 264），一併道出了山水、悠遊閒適、交遊、論學〔註63〕等陽明所樂之事。

在另外一方面，或許與年輕時出入釋、道兩教，猶豫於出世入世之間有關，或許也與世事的繁雜敗壞有違悠閒樂事有關，陽明詩文中屢屢顯出喜好遠離凡塵俗事的歸隱傾向：

每逢山水地，便有卜居心，終歲風塵裏，何年滄海潯？洞寒泉滴細，花暝石房深，青壁須留姓，他時好共尋。（《全集》卷20〈寄隱巖〉頁 723）

每日閒坐時，眾方囂然，我獨淵默，中心融融，自有真樂，蓋出乎塵垢之外，而與造物者游，非吾子概嘗聞之，宜未足以與此也（《全集》卷24〈示徐曰仁應試〉丁卯頁 910）

平生山水已成癖，歷深探隱忘饑疲。年來世務頗羈縛，逢場遇境心未衰。……。世人趨逐但聲利，赴湯踏火甘傾危。解脫塵囂事行樂，爾輩狂簡翻見譏。歸與歸與吾與爾，陽明之麓終爾期。（《全集》卷20〈江施二生與醫官陶野冒雨登山人多笑之戲作歌〉頁 769）

文獻中陽明所樂之事，主要是山水、悠遊閒適、交遊、論學等成分的交融，加上了陽明的出世傾向，於是所呈現的，便是指向以這些為構成內容的歸隱式悠閒生活，而這種生活，即是《論語》中孔子所肯定的曾點之志，也是陽明屢次在詩文中提及，所企慕、追尋的生活。《論語》中說：

莫春者，春服既成，冠者五六人，童子六七人，浴乎沂，風乎舞雩，詠而歸。（《四書章句集註》頁 130《論語》〈先進篇〉）

而陽明說：

鏗然捨瑟春風裏，點也雖狂得我情。（《全集》卷20〈月夜二首〉之二頁 787）

予有歸隱之圖，方將與三子就雲霞，依泉石，追濂洛之遺風，求孔顏之真趣〔註64〕，灑然而樂，超然而遊，忽焉而忘吾之老也。（《全

〔註63〕陽明書院成立於此，故良朋四集。（陳榮捷註）。

〔註64〕明道（1032～1085）受業於周茂叔（1017～1073）「每令尋顏子、仲尼樂處所樂何事」（《河南程氏遺書》卷二上，《二程集》頁 16），此後成為宋明儒學討

集》卷7〈別三子序〉丁卯頁226）

林間憩白石，好風亦時來。春陽熙百物，欣然得予懷。緬思兩夫子，
此地得徘徊。當年靡童冠，曠代登堂階。高晴記今昔，物色遺吾儕。
顧謂二三子，取瑟爲我諧，我彈爾爲歌，爾舞我與偕。吾道有至樂，
富貴眞浮埃。若時乘大化，勿愧點與回。……（《全集》卷 19〈陟
湘于邁嶽麓是尊仰止先哲因懷友生麗澤興感伐木寄言二首〉之二頁
689）

文章中又有：「緬懷風沂興，千載相爲謀。」〔註65〕、「滁陽之行，相從者亦
二三子，兼復山水清遠，盛事閒曠，誠有足樂者。」〔註66〕對於孔子師生風
範與其樂之企慕之情，溢於言表，更由此「亦」字一字點出。

小　結

　　雖然在論說方面，以及鼓勵人的方面，陽明都是肯定儒家的入世精神，
且認爲事變無非是功夫下手處，隨處皆樂，但是實際上，在詩文中所顯現的，
亦有不少是歸隱、出世的想法，以及遠離人間的山水閒逸之樂。山水閒逸之
樂與其理論並不矛盾。在良知修養之學進步，自我逐漸提升，更能體會萬物
一體之下，對於天地萬物之欣賞自然更覺美好，而不會汲汲於世俗名利，不
費神於私意思慮，心境自然悠閒。至於歸隱遁世的想法，則與其理論似乎多
少有些衝突。在〈別三子序〉中，陽明說：「曾點志於詠歌浴沂，而夫子喟然
與之，斯予與三子之冥然而契，不言而得之者歟？三子行矣，遂使舉進士，
任職就列，吾知其能也，然而非所欲也。使遂不進而歸，詠歌優游有日，吾
知其樂也，然而未必可也。天將降大任於是人，必先違其所樂而投之於所不
欲，所以衡心拂慮而增其所不能。」〔註67〕明顯的道出陽明認爲，比之於山
水、閒逸、講學、交遊之樂，任官俗事實非樂事、亦非所願，然而陽明在「願
做的」與「該做的」之間，卻仍選擇「該做的」，並以於患難中增益不能、於
事變中是用功處的理論，作爲其堂而皇之的理由。正如在七情之樂與心安的
抉擇那段所論，陽明對心安的重視終究是勝情之樂一籌，適當性終究是最高

論孔顏樂處之論題。
〔註65〕《全集》卷19〈諸生夜坐〉頁699。
〔註66〕《全集》卷4文錄一〈與黃宗賢〉三「癸酉」頁150。
〔註67〕《全集》卷7頁226。

的要求，「該做的」終究是優先於「想做的」（在無法兩得之下）。雖心安仍屬於陽明所定義的樂，但或許那只是因安而定義，雖然不可否認的，不心安難有「情」之樂，但若果真做到良知之致，而此理論果然有效，則無處不是樂地，便不用於山水中另覓樂地、不必有歸隱出世之情，可見他心中隱隱仍有衝突，故不時流露於詩文之中？

　　但若再進一步思考，可以知道並不是如此。山水、悠閒、講學、交遊有情上之樂，且也是心安，任職就列造福生民事務繁瑣，雖未必常常有「情」之樂，但也是心安。兩者各別的看，都不違反心安，也都不違反陽明的理論，但若兩者碰在一起無法兼得時，兩者間的選擇、決定便有了安與不安的區別。蓋真正的樂必須以心安為前提，在心安之下，才能有真正的情之樂，否則即使一時有因於肉體或心理的七情之樂，隨著時間的發展所產生的反而是更大的不安或空虛。就陽明的思想而言，選擇了獨善其身即是不安，立志於聖人之學而勉勵行之，以「天將降大任於是人」的態度挑起應該擔負的重任才是心安，而此也是儒家思想一貫的傾向。

　　雖然，在有衝突難兩全的決定上，陽明是選擇「該做的」，但無論如何，詩文中所提到的樂事許多畢竟都是偏向山水閒逸的屬情之樂。塵俗世事，雖是肯定與認同，但若是可以不做，陽明是寧願選擇離俗與接近山水的講學交遊生活的。這是一種肯定認同世間，且於世間勉力從事，卻對於隱逸閒適之生活欣然嚮往之的人生態度，而其心中的典範，即是《論語》中孔子與曾點及其志向所代表的人格氣象與生活風貌。而這種勉力於世間，嚮往於隱逸，似乎是中國士人所常有的。勉力於世間，只因理想。也所以，那些「該做的」不只是該做，其實也就成為是「想做、願做的」。有句話說，人因為理想而偉大，其若是乎？

第四章　陽明思考與討論「樂」問題的主要脈絡——以幾篇論「樂」篇章爲例

　　前一章所討論的，是以現在我們的理解架構對陽明的「樂」思想所作的理解。但畢竟那是經過拆解推論的重新組合，不是陽明原來思考、討論的脈絡。此章，則採取另一種解析的路徑，透過陽明論「樂」的幾篇比較具有代表性的論述，順著其討論的脈絡，來看看陽明對於「樂」的思考。

第一節　樂是心之本體不同亦不外於七情之樂

　　首先，先討論一開始所引的，較爲人所熟知的《傳習錄》第 166 條「樂是心之本體」一章，並嘗試順原問答中的脈絡將其觀點逐一列出。

文意分析

　　先看陸原靜的問題：

　　來書云：「昔周茂叔每令伯淳〔註1〕尋仲尼、顏子樂處。敢問是樂也，與七情之樂同乎？否乎？若同，則常人之一遂所欲，皆能樂矣，何必聖賢？若別有眞樂，則聖賢之遇大憂大怒大驚大懼之事，此樂亦在否乎？且君子之心常存戒懼，是蓋終身之憂也，惡得樂？澄平生

─────────────

〔註 1〕伯淳：明道字。

多問，未嘗見眞樂之趣，今切願尋之。」（《傳習錄》，第 166 條）

就其所問，大約可以歸納出幾個問題點：

甲：孔顏之樂與七情之樂同不同？（此話已經預設前者是聖人之樂，後者是常人之樂）

A. 同：則

　1. 常人與聖賢有何區別？

　● 此是隱含在其中的問題。如果常人和聖人的樂一樣，那聖人和常人不同處在哪兒？

　2. 常人遂欲之樂，和聖人一樣也樂，何必要當聖賢？

　● 此中預設了「遂欲」是達到七情之樂的途徑之一，且是必然可以達到。也就是認爲七情之樂，必然至少有一部份性質是「遂欲」之樂。

　● 因預設了常人與聖人不同，才會有常人之樂與聖人之樂同不同的問題，故此也隱含了問常人與聖賢不同之處何在，並預設了做常人比做聖賢容易，聖賢不易達到或須費一番工夫才能達到。既然所樂同，若必須做個聖賢，則聖賢所不同之處要具有足夠使人願意去做的說服力。

B. 不同：則聖賢之樂稱之爲「眞樂」

　1. 「眞樂」和「常人七情之樂」不同在何處？

　● 字面上他並未問，但內含此問。

　2. 此聖賢之「眞樂」在遇大憂怒驚懼的狀況下還在嗎？

　● 此問題，對「眞樂」的長久性，或者說，是對「眞樂」的本質性提出質疑。平生多悶，而會疑惑，難道樂是看情況而產生，遇大故便不在？又因常人七情之樂，與憂怒驚懼同在七情之類，而「常人七情之樂」在他預設中認爲是與憂怒驚懼無法一心同時並存的，故也懷疑「眞樂」是不是也如此。蓋認爲「眞樂」既也是「樂」，應有與「常人七情之樂」共通之處，即，某些性質同於七情之樂，而那些性質與憂怒驚懼不相容，故亦認爲「眞樂」與憂、怒、驚、懼可能是相斥，不會同時而在的。

　3. 君子常存「戒懼」（「戒愼恐懼」，見《中庸》第一章），是「終身之憂」（《孟子》〈離婁下〉28 章，原文意是憂不如舜），怎麼會

樂？也就是認為樂和戒懼這工夫是互相矛盾的。

● 會如此問，基本上便是對「常存戒懼」感到不快樂。

乙：要尋「真樂」之趣

● 雖平日皆在做成為聖賢的工夫，也就是亦在追尋這些聖賢有的真樂，但卻感覺不到樂趣，反多苦悶，是以追問真樂的趣味何在。

陽明的回答則是：

> 樂是心之本體，雖不同於七情之樂，而亦不外於七情之樂。雖則聖賢別有真樂，而亦常人之所同有。但常人有之而不自知，反自求許多憂苦，自加迷棄。雖在憂苦迷棄之中，而此樂又未嘗不存，但一念開朗，反身而誠，則即此而在矣。每與原靜論，無非此意。而原靜尚有何道可得之問，是猶未免於騎驢覓驢之蔽也。（《傳習錄》，第166條）

陽明之回答也可歸納為幾點：

甲：樂是什麼

1. 樂是心之本體

● 「樂」本是七情層次的用字。用七情層次的用字去指涉非情緒情感層次的東西，就已經不是原來的含意了。

2. 「是心之本體」的這種樂，「不同於」也「不外於」「七情之樂」。

● 此回答孔顏之樂與七情之樂同否。「不外於」指體不離用。

乙：聖賢之樂與常人之樂的關係

1. 聖賢「別有」「真樂」，但常人所「同有」

● 意即「常人七情之樂」不同於「真樂」，但常人也具有「真樂」。而聖人「別有」真樂這句，若接上句「亦不外於七情之樂」看，則聖賢亦有七情之樂，此「別有」意指聖人除「七情之樂」以外，「還具有」「真樂」（而其實如前文所論，真樂是其體，七情之樂是就其表現而言）。如此而言，聖人與常人都具有「七情之樂」與「真樂」。如此則有「是心之本體」的樂、「真樂」、「常人七情之樂」、「聖人七情之樂」四種。就前一章所論可知，本體真樂即良知，是人人都具有且相同的，而「常人七情之樂」與「聖人七情之樂」的差別在於聖人時時中節而和，而常人未必。

丙：說明常人狀況

1. 常人有此「眞樂」而不自知，自求許多憂苦，自加迷棄

   ● 配合陽明思想其他方面可知，「迷棄」的來源即前文所論之私欲，故說自求。「不自知」是因為私欲影響之下，未能認得此良知眞樂本體。

2. 在憂苦迷棄中，此「眞樂」仍存

   ● 此句答：遇大憂怒驚懼時「樂」還在否。

   ● 本體層次指涉的眞樂無時不在，故。

丁：得樂的方法

1. 一念開明，反身而誠，「眞樂」就即「此（念開明，誠）」而在。

   ● 一念開明，即發現良知，認得良知，還須工夫去反省、回復本身原有的誠，亦即意誠而復誠之本體，而誠之本體即眞樂本體，故說即此誠而在。反身而誠語出《孟子》〈盡心上〉。

   ● 隱含：一念開明，反身而誠，可以達到和聖賢一樣的「眞樂」，也就是在「眞樂」這方面，常人也可以達到聖賢的這個部份（此亦符合人人都能成聖人的理論）。而此眞樂本體，一部分即是全部，達到聖人的一部分也就是達到聖人的全部，亦即達到聖人的體認本體，並完全順本體自然發用流行。

戊：平日所論之學，是致良知之學，即是反身而誠之學，也就是可得「眞樂」之學。當知平日所治之學，平日之修身養性，即可得「眞樂」，不應騎驢覓驢。

   ● 此直接說出陽明平日所論之學，即是可得樂之學。然而，也由此可看出，陸原靜雖平日即在治修身養性之致良知學，卻感覺不到快樂，而王陽明可，這是在「學問」程度（亦即身心修養程度、見道程度）上的差異所致。此須經過一段努力才能體認得到？或者是用功方向錯誤？陽明說：「悅則本體漸復矣」（《全集》卷 5 頁 194〈與黃勉之〉二），故似乎可以說，此是原靜未得學問復本體之要，恐只是拘拘於嚴肅謹愼的工夫表象。

陽明與原靜之問答

觀陸原靜所問與陽明所答，對於陸要尋「眞樂」之趣（陸原靜所問的乙部分），我們若不去深究樂與趣的些微差異的話，則陽明在此以「反身而誠」

等等致良知學作爲此尋樂問題的回答，末又以平日所學即可得眞樂而勿騎驢覓驢加強說明致良知學與「樂」的關係。至於前面的部分（陸原靜所問的甲部分），陸把「眞樂」和「七情之樂」分成同與不同兩個假設來問，而陽明回答卻似介在同與不同之間。既說「是心之本體之樂」「不同於」常人七情之樂，又說「不外於」「七情之樂」，既說聖人「別有」「眞樂」，又說常人所「同有」，於是打破了原來的問題架構，沒有落入陸的思考脈絡來思考回答問題，直接就陽明的思考脈絡來回答。陽明這種既非又是的答法，在《傳習錄》其他處也可見，例如《傳習錄》上第 2 條：「於事事物物上求至善，卻是義外也。至善是心之本體，只明明德到至精至一處便是。然亦未嘗離卻事物」。又如第 5 條：「知行本體，原是如此，今若得知宗旨時，即說兩個亦不妨，亦只是一箇，若不會宗旨，便說一箇，亦濟得甚事？只是閒說話」。又如第 168 條：「良知不由見聞而有，而見聞莫非良知之用，故良知不滯於見聞，而亦不離於見聞……蓋日月之間，見聞酬酢，雖千頭萬緒，莫非良知之發用流行，除卻見聞酬酢，亦無良知可致矣，故只是一事」等等。陽明的這種回答，都是基於體／用的角度來說。

在此章，「樂是心之本體」，心之本體既爲本體，爲聖賢及常人所同有，當然「是心之本體」的樂，也是聖賢與常人都有且相同。而既爲本體的指涉，自不同於指涉發用，但本體無形無象，不睹不聞，必是不離發用，由發用才能呈現出來，而此發用陽明以「不外於」七情之樂稱之，已如前文所述。此處便可能產生一個看似不合理的問題，即：有心安之樂時，在情方面不一定是樂，如前引《傳習錄》，第 292 條，情方面是哀，便成爲「情哀心安」時仍是樂，則眞樂本體之發用、呈現雖仍不外於七情，卻不在七情之樂的範疇，與前引《傳習錄》卷中第 166 條有所矛盾，此要如何解釋？此問題上一章的討論已大致提過，在此再予較完整的說明。就陽明的思想而言，作爲本體的眞樂本體，同時也是良知，也是天理，本體之發用在不同的情況下各有其適當的發用。其發用，就情而言，不一定是樂，是否以樂作爲發用層的適當呈現，是要看情況而定。遇大故而哀哭時，本體的發用情上是哀，行爲上是哭，順本體之發用而心安，是陽明所認爲的發用層的、不同於七情的另一種樂，但若本體在情上以樂的方式呈現時，則此屬情之樂與常人的七情之樂之間，除了聖人是「在中節的情況下才會以樂呈現」，且「呈現皆中節適度」之外，並沒有什麼不同。而此樂乃本體所發，故稱本體爲樂，故稱本體以樂方式呈

現的發用「不外於」常人七情之樂。

在說明了樂是什麼，以及常人也有，把常人與聖賢做了共通性的連結之後，陽明接著以他所認為的樂說明常人無樂的緣故，以及得樂的方法。理論部分談至此，最後是指出此與平日所講授之學無異。陽明在這章的思路，基本上是以體用體系為架構，誠為工夫，本體良知為價值根本（所以才提到一念開明，才提到屬於對良知本體工夫的誠）。誠而樂「即此而在」，很明顯的是把致良知與樂等同而論。且，此章原靜所問的樂，在原靜心中很明顯的是由屬情之樂的指涉出發，但陽明不從情的角度逐步解析，反而直接把樂字拉到本體，直接說致良知的本體與工夫，就聽者的角度看，跳躍未免有點大，這正顯出陽明致良知學在其心中的核心地位，所有事物的解釋皆以此為中心往外做連結、會通，「樂」亦不例外。

若就陽明對於原靜的回答來看，由於陽明的回答跳出了原靜的問題架構，所以同時回答了問題甲、乙並包含問題甲中 A、B 兩反情況中的各問題。因樂是本體，既不同又不外於七情之樂，等於回答了 A、B（同與不同的問題）及 B1（不同在何處）。本體是常人、聖人皆有，但常人因蒙蔽而自求憂苦，所以常人遂欲不見得是樂，此是常人與聖人之不同，也是須成為聖人的原因（可不蒙蔽而不憂苦）。此回答了 A1、A2。樂作為本體，無時不在，回答了 B2。而以上回答的內容，包含了樂是什麼與樂的工夫，卻同時與致良知學無異，這又具體的回答了問題乙，以及 B3。由此可以看出陽明以良知之學解問題（此「樂」問題為一例）之根本性，無怪乎陽明把克私去蔽，復人心體之同然，而有以天地萬物為一體之心，視為「拔本塞源」之論（《傳習錄》卷中第 142〈答顧東橋書〉）。

戒慎恐懼與樂、敬畏與灑落

原靜所提問題 B3，關於戒慎恐懼與「樂」的衝突問題，值得進一步討論。宋明理學容易令人有道貌岸然與拘謹約束的印象，而原靜不樂之問正可視為此之印證之一。然而在陽明致良知等於尋樂之思想下，陽明所認為的戒懼與樂的關係是如何？關於此問題，陽明有特別提出與「戒慎恐懼」之意類同的「敬畏」，以及與「樂」有相當關係的「灑落」來做討論。陽明說：

> 夫謂「敬畏之增，不能不為灑落之累」，又謂「敬畏為有心，如何可以無心而出於自然，不疑其所行？」凡此皆吾所謂欲速助長之為病

也。夫君子所謂敬畏者，非有所恐懼憂患之謂也，乃戒慎不睹，恐懼不聞之謂耳，君子之所謂灑落者，非曠蕩放逸，縱情肆意之謂也，乃其心體不累於欲，無入而不自得之謂耳。夫心之本體即天理也，天理之昭明靈覺，所謂良知也。君子之戒慎恐懼，惟恐其昭明靈覺者或有所昏昧放逸，流於非僻邪妄而失其本體之正耳。戒慎恐懼之功無時或間，則天理常存，而其昭明靈覺之本體，無所虧蔽，無所牽擾，無所恐懼憂患，無所好樂忿懥，無所意必固我〔註2〕，無所歉餒愧怍。和融瑩徹，充塞流行，動容周旋而中禮〔註3〕，從心所欲而不踰〔註4〕，斯乃所謂真灑落矣〔註5〕。是灑落生於天理之常存，天理常存生於戒慎恐懼之無間。孰謂「敬畏之增，乃反為灑落之累〔註6〕」耶？惟夫不知灑落為吾心之體，敬畏為灑落之功〔註7〕，歧為二物而分用其心，是以互相牴牾，動多拂戾而流於欲速助長。是國用之所謂「敬畏」者，乃大學之「恐懼憂患」，非中庸「戒慎恐懼」之謂矣。程子常言：「人言無心，只可言無私心，不可言無心。」戒慎不睹，恐懼不聞，是心不可無也。有所恐懼，有所憂患，是私心不可有也〔註8〕。堯舜之兢兢業業，文王之小心翼翼，皆敬

〔註2〕《論語》〈子罕篇〉第四章：「子絕四：意、必、固、我」，《四書章句集註》頁109：「意，私意也。必，期必也。固，執滯也。我，私己也」。

〔註3〕《孟子》，〈盡心下〉，第33章：「動容周旋中禮者，盛德之至也。」《四書章句集註》頁373。

〔註4〕《論語》，〈為政〉，第4章：「六十而耳順，七十而從心所欲，不踰矩。」《四書章句集註》頁54。

〔註5〕陽明先區別工夫上戒慎恐懼與負面的恐懼憂患之情，並釐清所謂灑落非任意放縱之情，而是中節之心安，進而解釋戒慎恐懼的目的是發用不失本體之正，也就是發用皆中節中和，無過不及與偏執，則陽明是把從心所欲的發用皆中節，稱之為灑落。發用的隨時中和中節，即良知本體的純然發用。良知本體即天理，故灑落生於天理之常存，而此本體天理之純然發用，不受任何私意干擾阻滯，有賴無時無刻的唯恐發用之有違良知天理。而在發用上謹慎小心，意即，發用上的謹慎小心，唯恐不當，可以達到從心所欲的發用中節。也就是說，戒慎恐懼可以達到灑落。故戒慎恐懼並不礙於灑落，甚至是同存的。

〔註6〕《明儒學案》頁192此句「灑落」引作「樂」。

〔註7〕發用的中和中節為灑落，故「本體」亦是可以「灑落」稱之。灑落為吾心之體，與樂為心之本體意思相同。敬畏亦近戒慎恐懼，是致中和的工夫，也就是達至灑落的工夫，故敬畏為灑落之功。

〔註8〕戒慎於無法睹聞的本體之任何發用，唯恐發用有所偏差，非刻意加個敬畏之心，故不流於欲速助長，更非恐懼憂患之情，故不相牴牾。而戒慎恐懼既是

　　畏之謂也，皆出乎其心體之自然也。出乎心體，非有所爲而爲之者，

　　自然之謂也〔註9〕。（《全集》卷5文錄二〈答舒國用〉癸未頁190，

　　本引文主要部分又見年譜嘉靖三年八月，以及《傳習錄拾遺》，第

　　48條）

在陽明，良知本體如明鏡，會於發用層有「知是知非之知」，而知是知非，同時即是好善惡惡。但由於心同時具有「可以自己做決定的能力」，故本體良知對心意不具必然性的約束。而此戒懼一項在理論上的位置，是扮演心意在順隨本體發用時，避免心做錯誤決定的輔佐角色。蓋因本體應物而有的良知也只是發用層種種意念、情感之一，在發用層時時刻刻的事物干擾以及個人可能有的偏執私意之影響下，心便可能有所迷失而做錯誤的決定，故須時時小心謹慎，濾除不符良知的成分而保持發用的純然合乎天理。此小心謹慎，唯恐有偏差，應物而有之思，即是戒慎恐懼。若再進一步看，因本體自然發用有戒慎恐懼，陽明亦稱戒慎恐懼是本體：

　　本體原是不睹不聞的，亦原是戒慎恐懼的，戒慎恐懼，不曾在不睹

　　不聞上加得些子〔註10〕，見得眞時，便謂戒慎恐懼是本體，不睹不

　　聞是功夫〔註11〕。（《傳習錄》，第266條）

若此，則其與本體層次之眞樂更無二致了。因此，戒慎恐懼與灑落與樂，是不相矛盾而關係密切的。而此，亦與前章所論致中和而有中節之「屬情之樂」意旨吻合。此乃陽明一貫的想法。

　　思（《傳習錄》第159：「戒慎恐懼之心也，猶思也」），自然是有心，但此心皆發於良知之自然（《傳習錄》第159：「能戒慎恐懼者是良知也」），並非自己所加之私意，故說此心不可無，而恐懼憂患之情皆私意，則不可有也。

〔註9〕　陽明再次強調戒慎恐懼不是一般所認爲的人自己所加上去的那份拘謹意、畏懼意，而是認得良知之下的自然發用之思，而其作用，自然與中和中節的發用一併呈現。

〔註10〕　戒慎恐懼爲本體自然所發，故亦可稱本體是戒慎恐懼的。而發用層意念思慮上的戒慎恐懼，對於本體並無影響。

〔註11〕　本體本來什麽都不是，但因發用層的戒慎恐懼，便和所謂的「善」、「中」等等一樣，也可用戒慎恐懼指稱本體，故可說戒慎恐懼是本體。而工夫目標是在不睹不聞之本體上，就著不睹不聞之本體所發的發用，討尋不睹不聞的本體（因用以求其體），在聞見以外往內尋求本體之本然，故可以說，不睹不聞是工夫。

第二節　心安、歌與哀哭時之樂問題

> 問：「『樂是心之本體』，不知遇大故，於哀哭時，此樂還在否？」先
> 生曰：「須是大哭一番了方樂，不哭便不樂矣。雖哭，此心安處即是
> 樂也，本體未嘗有動。」（《傳習錄》卷下第 292 條）

此章，黃省曾（勉之，1490～1540，陽明門人）是就上節所討論的「樂是心之本體」一章而問。蓋哭與樂在情緒上與行爲上與樂相反，故有還在否之問，另一方面也對本體的性質產生疑問。而陽明所稱的本體層次的樂，既是本體，自然是無時無地不在，且七情發用層次的變化對於本體是沒有任何影響的，故說本體未嘗有動。

　　在論心安之樂時已說，陽明所答的前兩樂字，亦是指心安之樂，故可與哀哭同時而在。但若進一步思考，可知在此答句中，這兩個「樂」字作心安之樂指稱，或作屬情之樂指稱，皆無不可。若作心安之樂指稱，可與哀哭同在，與「此心安處即是樂也」的樂字用法一致，若作屬情之樂，則答句中的「了」字就必須注意。「了」字若表示一種呈現、動作完成，也就是「哭了」才是符合良知之發用，才能心安，則此兩樂字解爲心安之樂。但若此兩樂字以屬情之樂解之，則「了」字就表示哀哭與樂的先後順序，哭完了方樂。此與下引《傳習錄拾遺》第 32 的「樂」字指涉哭完之後的情緒上的樂，用法一樣。若如此解，則陽明的答句便是指說「情」上之哀哭與「情」上之樂，依良知判斷適當而發，如此，心安之樂方才可以時時存在。若哀哭時不順其哀哭，與良知相左而心不安，則在當時以及之後也無法有情上之樂。至於樂之本體則在發用層的影響之外，未嘗有變動，無時不在。總之，不論前兩「樂」字如何解，「此心安處即是樂」的樂字都是指涉發用層異於七情之樂的「心安之樂」，對於心安之樂的定義的合理性皆無影響。

　　陽明另有一段關於哀哭與樂的論述：

> 直〔註12〕問「『聖人情順萬事而無情〔註13〕』，夫子哭則不歌，先儒
> 解爲餘哀未忘〔註14〕，其說如何？」先生曰「情順萬事而無情，只

〔註12〕黃直，字以方，嘉靖二年（1523）進士，陽明門人。

〔註13〕《河南程氏文集卷二》，明道先生文二，〈答橫渠先生定性書〉：「夫天地之常，以其心普萬物而無心，聖人之常，以其情順萬事而無情。」（《二程集》頁 460）

〔註14〕《論語》〈述而篇〉第 10 章：「子食於有喪者之側，未嘗飽也，子於是日哭，則不歌」，朱熹集註曰「日之內，餘哀未忘，自不能歌也。」（《四書章句集註》頁 95）當然，這裡的歌所指的詠、唱不是哀傷追悼方面的。

> 謂應物之主宰，無滯發于天理不容已處，如何便休得？是以哭則不
> 歌，終不然，只哭一場後，便都是樂，更樂更無痛悼也。」(《傳習
> 錄拾遺》，第 32 條）

明道的情順萬物而無情，與孔子的不歌，皆是順良知本體之自然發用，甚可
理解，然此處牽涉順其應物之情，以致哀哭而不樂不歌，其哀之情持續長短
的合理性如何的問題。陽明在此只說明了哀哭與樂歌之不相容性以及情感表
達的一致性（「哭則不歌」），並由「終不然，只哭一場後，便都是樂，更樂更
無痛悼也」確定哀哭之情有一適合的長度以及說明轉變的非立即性，並無說
明合理的持續長短是如何。就陽明的思想體系看，此亦是一中節、合適性的
問題。哀哭完便樂，驗之於心而不合良知之發用。至於何時而可樂、哀情多
長而適中，殆仍以良知自然判斷為準，不假私意。陽明說：「大抵七情所感，
多只是過，少不及者，才過便非心之本體，必須調停適中始得。就如父母之
喪，人子豈不欲一哭便死，方快於心，然卻曰『毀不滅性』，非聖人強制之也，
天理本體，自有分限，不可過也，人但要識得心體，自然增減分毫不得。」(《傳
習錄》第 44）

　　此節所見，陽明在論述上也是延續上節以體用作為解釋樂的架構，且以
合乎良知的心安、天理、中節適當等角度來闡述樂，也是把樂置於良知學的
脈絡中討論，在以良知為中心下定位「樂」的位置。

第三節　至誠無息、謹獨、致良知與樂之本體

> 樂是心之本體。仁人之心，以天地萬物為一體，訢合和暢，原無間
> 隔。來書謂「人之生理，本自和暢，本無不樂，但為客氣物欲攪此
> 和暢之氣，始有間斷不樂」是也。時習者，求復此心之本體也。悅
> 則本體漸復矣。朋來則本體之訢合和暢，充周無間，本體之訢和和
> 暢，本來如是，初未嘗有所增也，就使無朋來而天下莫我知焉，亦
> 未嘗有所減也。來書云「無間斷」意思亦是。聖人亦只是至誠無息
> 而已，其工夫只是時習。時習之要，只是謹獨。謹獨即是致良知。
> 良知即是樂之本體。此節論得大意亦皆是，但不宜便有所執著。(《全
> 集》卷 5〈與黃勉之〉二甲申頁 194）

黃勉之此章主要是要問樂是否是無間斷〔註15〕，而其出發點是由陰陽之氣訢合和暢而生萬物，人是萬物之一，故而推至人亦得此和暢之氣，就此和暢之氣而說本無不樂，並舉《論語》首章「學而時習之，不亦說乎？有朋自遠方來，不亦樂乎？人不知而不慍，不亦君子乎？」（《論語》〈學而篇〉）以及「不怨」、「不尤」〔註16〕、「樂在其中」〔註17〕、「不改其樂」〔註18〕等《論語》中有關宋明儒學論孔顏之樂的論題爲例以求證其說。

　　陽明的回答則分爲三部分，前兩部分分別回答黃勉之所問的兩個部分。黃勉之由陰陽之氣訢合而說人與物皆有此和暢之氣，接而由和暢之氣推論人之生理本自和暢，然而「氣」一般非用在本體層次說，而「理」一般不用在發用層的指涉，故黃勉之是由發用層的觀察而推知本體層的理之和暢，即把理之和暢與樂做直接的關連而說人之生理本無不樂，則此「樂」指稱屬於本體層的「理」之性質。但其後又言鳶飛魚躍草木欣欣向榮皆同此樂，且客氣物欲會使樂有間斷，既有間斷，則此處樂字可能是發用層次的樂，則此「樂」字不指稱本體層次，比較接近由觀察、欣賞而得審美之趣味或得類比之道理等等所得到的情感上的快樂。或者，樂之間斷指的是本體之受蔽，則與《傳習錄》第 166 的憂苦迷棄意思類同，只是用字上不如陽明明確。如此而言，黃勉之在瞭解與用字上，似未能清楚。故陽明在第一部份直接從本體切入，直接據他自己的樂是心之本體理論而說天地萬物同爲一體，而說萬物訢合和暢而無間隔，並未循黃勉之從氣的角度說。而對黃勉之此部分的話，也只截「人之生理……」與「……客氣物欲……」兩段予以肯定，蓋陽明是以其類同於《傳習錄》卷中第166 的自加憂苦迷棄去理解黃勉之的間斷不樂。

〔註15〕黃勉之所問如下：「陰陽之氣，訢合和暢而生萬物。物之有生，皆得此和暢之氣。故人生之理，本自和暢，本無不樂。觀之鳶飛魚躍，鳥鳴獸舞，草木欣欣向榮，皆同此樂。但爲客氣物欲攪此和暢之氣，始有間斷不樂。孔子曰『學而實習之』，便立個無間斷功夫，悅則樂之萌矣。朋來則學成，而吾性本體之樂復矣，故曰『不亦樂乎』。在人雖不我知，吾無一毫慍怒以間斷吾性之樂，聖人恐學者樂之有息也，故又言此。所謂『不怨』『不尤』，與夫『樂在其中』，『不改其樂』，皆是樂無間斷否。」（《全集》卷5〈與黃勉之〉二頁 194）

〔註16〕《論語》〈憲問〉第 37 章：「子曰：不怨天，不尤人，下學而上達，知我者，其天乎？」（《四書章句集註》頁 157）

〔註17〕《論語》〈述而篇〉第 15 章：「子曰：飯疏食，飲水，曲肱而枕之，樂亦在其中矣，不義而富且貴，於我如浮雲。」（《四書章句集註》頁 97）

〔註18〕《論語》〈雍也篇〉第 9 章：「子曰：賢哉回也！一簞食，一瓢飲，在陋巷，人不堪其憂，回也不改其樂。賢哉回也！」（《四書章句集註》頁 87）。

第二是回答有關學而時習章的部分。黃勉之就時習的工夫說無間斷，又以人之不知我為中心，從人知我而來說學成，進而說本體之樂可復，又認為人不知我不慍怒，是不間斷己性之樂。然而，「朋來則本體之訢合和暢充周無間」是就結果以說原因，朋來與不來或天下知我與不知，對本體層次的樂都沒有任何影響。故陽明在此僅肯定工夫無間斷的部分，而對於朋來與本體之復，重新釐清其本末，認為能由習而感到悅，表示漸漸回復到本體（真樂）的自然發用狀態，如此，良知學問之提升，才促成朋之來。此中，陽明把樂與悅做了區分，悅是在發用層，而在此本體與悅的關連敘述中，實可以說悅是本體層次之樂的一種發用、呈現。

第三部分陽明總述樂的本體與工夫。樂等於本體，本體等於良知，而工夫的最終目標是要致良知，也就是達到本體層次的樂所指涉的本體真樂，所以這致良知工夫即「致樂」的工夫。而此工夫是時習，其要點在於謹獨，也就是時時謹慎注意自己所獨知之處。獨知之處，也就是內在的種種細微變化。在此，陽明以聖人至誠無息來對應說明黃勉之所說的時習無間斷工夫，以導向論述「工夫的目標」與「樂」相結合。實則至誠乃其本體本然狀態，以其發用之意皆合乎至誠本體，故說聖人至誠，發用之符合本體無所間斷，故說無息。此處習字，是陽明所說「時習者，求復此心之本體也」的習，已非今日所說的知識學習的習，而是包含工夫的實踐了。另外，良知作為樂之本體，把良知與樂等同，也是與前文所論屬情之樂的追尋必在中和中節之下的論點是一致的。

此篇陽明亦是以體用的架構討論樂問題，且答問時從本體作為討論的切入途徑，篇末並較為系統的把本體、良知、至誠無息、謹獨工夫等致良知學的部分連結到樂。在答問的開頭以樂之本體始，在最後也是推向樂之本體，完全不從氣上入手，明確的區分本體之復與現象間的本末關係。在此，對於樂作為本體的強調，以及把樂與良知學密切結合，是很明顯的。

在以上幾節所引的篇章中，陽明有從誠來論樂，從蒙蔽迷棄說不樂，有從心安來論樂，有從恰當與否來說樂，也有從誠的工夫推至良知來說樂，其論樂的出發點皆是本體之樂，也就是良知本體，而其論述之展開皆是在體用架構之下，可見陽明對於樂，是把它當成其體用體系下的一支，有本體真樂，有發用之心安與情，特別是強調一般人所不熟悉的樂作為本體的觀念。反過來說，此也可以作為顯示體用體系在陽明思想中的重要性之一例。陽明論述

中牽涉的點，如本體、誠、適合度問題（中和）、心安、謹獨、至誠無息、戒慎恐懼等等，以及其推論取向，皆與致良知學一致，可以說，陽明就是在致良知學的脈絡下，重新闡述此一般人都喜好的「樂」，而將「樂」的意涵作了修正與擴充，排除了不適當的樂，加入了本體與心安，使得「樂」與良知──也就是一般所說「德」──的距離更明確的接近。或者，就陽明來說，可以說是等同。

　　此外，如果再向前探究一步，試問本體、心安之類的說法又是在何種論述脈絡下成立？在陽明的論述中，不論是「樂是心之本體」，或是「此心安處即是樂」等等，皆看不到陽明提出的說明。雖然在陽明的體系內，與其他單元相關之下，都可以得到理路通順的解釋，但畢竟那是定義之後的系統內一致。而這些定義之所從來，恐怕只能說，與天理、良知等等一樣，必須自家去體會，非言語所能言傳，正如陽明屢次所強調的一樣〔註19〕。

〔註19〕陽明屢次提及天理、未發之中等項非言語所能傳達，要學者自家體求之意，例如《傳習錄》第 280、157、第 125、《傳習錄拾遺》第 8 等等。

第五章　在陽明思想體系中的「樂」思想

　　在前面分別討論了陽明思想體系與樂思想體系之後，此處將把此兩部分結合，把陽明的樂思想納入其思想體系中作一個統合性的總述，並藉以說明幾個有關陽明樂思想的問題。

第一節　陽明思想體系的面貌

　　成為聖人並繼承聖學，是陽明一生所追求的目標。雖其少時曾馳騁於辭章，出入於二氏〔註1〕，然終究以儒學為依歸。其儒學方面思考的起點，是見婁諒（1422～1491）時所聞的宋儒格物之學，且從此一生的學說思考與朱熹密切相關〔註2〕。而其所建立的思想體系，即是以格物致知論題所在的《大學》為論述材料的中心，兼融佛、道及明道、象山等宋明各家，以《大學》的體系，為其聖人之學的基本體系，而以體用之說，為其思想體系展開、運用、解釋的基本架構。

　　在體用架構之下，陽明聖人之學體用論述的中心是良知，工夫中心則是致良知。雖然致良知說是在陽明五十歲時才提出，但自龍場之悟以後，其學已大至底定，基本上不出良知的方向，只是愈加純熟明確。是以其教法也有

〔註1〕　參《全集》卷33年譜二十一歲、三十一歲條及卷41頁1574錢德洪〈刻文錄敘說〉。

〔註2〕　參考：《全集》卷33年譜十八歲、二十一歲條、陳榮捷《傳習錄詳註集評》附錄〈從朱子晚年定論看陽明之于朱子〉、島田虔次《朱子學與陽明學》頁82、陳來《有無之境》頁118、唐君毅《中國哲學原論原教篇》頁291。

「知行合一」、「靜坐」、「誠意」、「致良知」、「四句教」等等之不同〔註3〕。

其思想體系之用語的主要部分，大致由本體層的指涉、發用層的指涉、以及工夫三大部分所組成。此三部分中，本體是其中心，發用層是本體之發用，而工夫則是指向本體、回復本體的途徑與方法。在本體層方面，良知（知）、也就是天理，是其主要強調的稱謂。在本體是一、是全、萬物本體通同之下，所有指稱本體的詞語皆可說是等同，包括心、道、天、性、理、仁、誠、善、定、中、樂等。在發用層的部分，則包含心、意、念、知、思、物、氣、情等。其中情也包含了七情之樂。在此，必須再次強調的是，陽明「本體」「發用」兩層之區分，是在討論上要釐清問題的權宜之計，體用其實一源，本體皆在發用中見，發用皆由本體而來，二者是一，密不可分。至於工夫方面，陽明則以大學的格物、致知、誠意、正心為核心，而及盡心、盡性、窮理。較具體的細節則有戒慎恐懼、謹獨、慎獨、必有事焉與勿助勿忘、不將迎、不著，以及例如靜坐、唸書等輔助方法等等。至於工夫所在之處，則是人倫日用之間〔註4〕，人情事變之上。此種種分項敘說的工夫，總而言之都是使一心存乎天理、復其本體、致良知、致中和，而以致良知為其代表之稱呼。在此「體」、「用」、「工夫」三類之外，另有一類，它們並不是體用或工夫本身，而是用以形容、描述體用工夫的特色或狀態，是一種約定俗成的描述、區分，或用以增加對於體用工夫論述的瞭解，例如定、安、誠、仁義禮智、善惡、中、和、寂然、感通、幾、動靜、內外、陰陽、有無〔註5〕等。以上所說的體用工夫種種，總和的來說，即是成為聖人之學，也就是陽明所指的「學問」。對於此學問，陽明說，「夫學，莫先於立志。志之不立，猶不種其根而徒事培擁灌溉，勞苦無成矣。」（《全集》卷7頁259〈示弟立志說〉）志立而後，不是「只作一場話說」（《傳習錄》卷下第327），而是「就自己實工夫上體驗」（《傳習錄》卷中第188），「實去用功」（《傳習錄》，第327），最終則是達到一心存乎天理、本體之復、已發中節而和、良知之致，而達到成為聖人的目標。

〔註3〕 參《全集》卷41頁1574錢德洪〈刻文錄敘說〉、陳來《有無之境》頁331。

〔註4〕 「格致誠正之說，是就學者本心日用事為間，體究踐履，實地用功。」（《傳習錄》卷中第131）

〔註5〕 在陽明，有無至少有三種意涵。一是用於是或否的肯定否定之意，如無善無惡。一是指產生、發生與否，例如「有喜靜厭動之弊」（《傳習錄》第28）。另一種是牽涉到存有，如「佛氏說無」（《傳習錄》第269）、「無心外之理」等。

第二節　體與用

在陽明的思想體系中，體用的區分架構被陽明視爲常識般普遍而有力的運用著，其程度就像現在感性理性、唯物唯心等熟悉的常識性區分一樣。所不同的是，陽明明確的以此解釋其學說中很大部分的重要觀念，而不是只當作一般背景。陽明運用體用體系，建構了一套以人倫世界爲主的世界觀，以及在此世界觀中的心性修養學說。在陽明的體用體系中，本體的是一是全，構成了天地萬物本體的通與同，而有萬物一體之說法。在萬物一體之下，萬物與心之本體皆通同，且發用感知即心而在，置應物時與心所應之外於心之物的存在可能性於不論，而以「寂」稱之，或者，物根本就是與心同起滅而不具實性，故有「心外無物」之說。

在陽明的體用體系中，本體是存有的根源，亦是價值的根源，做爲價值判斷的標準。所以，就其作爲價值根源來看，它是至善的，它也是所有人肯定的正面價值的稱謂、代稱。在陽明強力運用體用論之下，許多正面的稱謂，都被陽明明確的用以指稱本體，其中例如「善」、「定」、「誠」及「樂」等等，是比較特別的，此則又牽涉到體用一源之說。在體用一源之下，在發用層的發用所具有的特性，因是本體之用，故也可說是本體之特性。雖然本體本來是沒有固定形象、不可見聞、無時不在、沒有所謂特性的，雖然體與用是「用顯而易見」「體微而難知」的，但體用一源，故可因用以求體，故也就姑且以發用層的描述來描述本體，以做爲論述時的指稱與形容，故陽明也以此指稱本體。另一種情況則是因爲體用一源，體即用而在，用因體而發，故字詞有時用在指稱其本體層次，有時用在指稱其發用層次，例如「良知」與「性」都是明顯的例子。另外，本體是人人所具有的，且是同，則在回復到這終極的本體時，都是同樣的本體，固然發用層受具體身心之限，以致人有才力大小之分，但本體上之純然天理，則是人人所相同的，此即「成色」「分兩」之喻。接著，就其作爲價值判斷的標準來看，因是判斷的標準，故本身是無價值好壞可論，就好比身高比甲高的稱爲高個子，比甲矮的稱爲矮個子，高矮因甲而定，則甲就不能算高，也不能算矮。因此，本體可以說是無法以善惡論的「無善無惡」。進一步看，若再跳出從人去看的角度，則善惡價值判斷畢竟是因人而有，若將人抽離而論，本體本來就沒有價值意義，甚至體用之分本來也是人所分的，因此，本體根本是無價值意義的「無善無惡」，而此是本體價值上的究竟義。由此也可知，因人在討論人世間的善惡時，都離

不開人的角度，故價值的來源與標準都「必然」是體用論上價值來源、「知是知非之知」之來源的本體，所以人對於「價值標準的選擇」上，是「沒有選擇性」的，且是最終極的標準所在，所以本體也以「至善」稱之。但由於人還有「自己做決定的能力」，因此人可以選擇不依循此價值標準，所以，人對於「是否依循此價值標準」，是具「有選擇性」的。故而在價值方面，本體與發用間，雖然良知本體應物而即有知是知非之「知」（發用層的良知），但畢竟良知有如明鏡般，不對心之「可以自己做決定的能力」有強制作用，人依循良知的價值方向，便稱其爲善，當發用層的種種「物」，以及自己心中的種種「私意」（源於「可以自己做決定的能力」、「習性」等）影響了人的決定，使得人對於此「知是知非」之知體認得不清楚，依循了發用層的影響或是自己的私意而做決定，或是誤認私意爲良知，「認賊作子」（《傳習錄》，第 122、169、《拾遺》7）做了與良知方向不同的決定而以爲是順應良知，則稱它爲「惡」。此狀況，就本體的角度看發用，便是本體所發的良知之知被其他發用蒙蔽了。「本體所發」的「知是知非之知」不顯，而與其相違的私意顯，故稱之爲蒙蔽。就發用層的角度看本體，便是對於良知體認不明，未能「認得良知」，是以保持其夜氣，以及靜坐隔離外物干擾，都是認得良知的輔助方法之一。

　　心與良知同爲陽明學說核心的重要部分，良知一詞雖承自孟子，明道也曾循孟子而提過〔註6〕，但良知在陽明思想中的意涵是陽明所獨見而強調的。而陽明關於心之心統性情、兼攝體用的觀點，則與張載、朱熹相同，並與朱熹同樣強調心的主宰義。在陽明，「心」不只是在體用一源下的兼跨體用兩層使用。心統體用，包含了發用層的意念、情、知、思等等，也包含了本體的性、理、良知，以及「意」根源於本體之「可以自己做決定的能力」等等，是天地間發竅最精之一點靈明，能知是知非（因爲此屬於價值面，故同時也等於是好善惡惡〔註7〕），能自己做決定。而此，便是人之所以爲人，與萬物不同之特殊處。

〔註6〕　《孟子》〈盡心上〉：「人之所不學而能者，其良能也，所不慮而知者，其良知也。」（《四書章句集註》頁353），明道〈識仁篇〉「良知良能元不喪失。」（《河南程氏遺書》卷二上《二程集》頁17）

〔註7〕　另外，唐君毅認爲，「陽明之是非即善惡，……只舉是非，或只舉善惡，義皆無別。陽明言知善知惡，好善惡惡，及爲善去惡，三者之相貫，乃陽明學之根本義。」（《中國哲學原論原教篇》頁311）

第三節　體用體系中的「樂」思想及陽明把「樂」移至本體位階的可能原因

　　陽明所論的體用兩層大致如上，而在此體用體系內的「樂」字，則包含了三種不同的指涉，兼跨體用兩層。一是本體層次的本體眞樂，一是發用層次的心安之樂，另一個則是發用層次的屬於情之樂，也就是所謂的七情之樂。在本體層次上，陽明稱此爲「眞樂」，是人人都有、時時都在的本體，所以可以說樂無時不在。此本體層的眞樂可以說是一種虛指，也可以說不是虛指。因爲本體什麼都不是，無所謂的樂與不樂，故是虛指，就其發用層之樂無非本體之用而言，則不是虛指。且，若發用依循良知，在一般的情況下，例如沒有特殊變故之下，本體發用的情會是樂，故可說它不是虛指而具有實義。而順應良知所得的發用層的樂，若依體用一源來看，其實也就指出了眞樂之本體，同時，眞樂本體的發用皆在發用層中節的七情之樂與心安之樂上呈現，故眞樂本體雖不同於發用層之樂，亦不外於發用層之樂。但因眞樂本體也等於良知本體，發用層情的適當呈現需依情況而定，不一定都是以七情之樂作爲其呈現，當情以其他作爲呈現時，一般並不以樂稱之，例如以心安、中節稱之，而情以樂作爲呈現時，才以樂稱之，故說眞樂本體雖不同於發用層的七情之樂，而其實也不外於發用層的七情之樂（亦即「七情之樂」是「眞樂本體」的發用面指稱）。其次，在發用層次上，有心安之樂與七情之樂。陽明稱心安爲樂，而心安是發用上依循良知，在情上未必是樂，故據此與七情之樂作區分。在不考慮悲喜交集等特殊情況下，一般情況中，心安之樂與七情之樂有些時候是不並存的（在心安之樂所對應的情非七情之樂時），但會有相應的情與心安之樂並存。心安之所以可以說是樂，一方面因爲心安是在發用依循、順應良知的狀況下，不與「知是知非之知」相違背，在心中不會產生衝突，故心不會不安穩，不會產生苦。另一方面，依循良知而行，一般情況下相應的「情」也會是樂，故可以稱其爲樂。陽明所提到的，屬於心安定義之下的樂，包含了在循理、盡心、誠以及自得等等之下所指稱的樂。但其實依陽明理論擴而言之，凡本體之復、良知之致之下的種種發用，在心上都是心安之樂。當然，其中若情也是樂時，也就包含了七情之樂。而所謂的七情之樂，七情，乃情之代稱，其實即指屬於情之樂，即是一般所認爲的感性之樂。但是，在陽明的思想中，中節而和的屬情之樂才算是樂，否則算是苦，此與陽明對於世界與善惡的看法有關。陽明的世界觀是以人倫爲主的世界，

在重視且肯定人倫世界的觀念下，人倫世界的合理化、人世間行為的合適性，成為首要要重視的。而同時，由於是對於人間的肯定，所以樂的地位的提高在陽明的思想體系中是可以理解的，甚至可以說是必須的。此外，陽明所認為的善惡不是絕對的，而是在過與不及、意有所著、發用不符合良知之下所定義的，如此，則任意而不中節的屬情之樂自然都是被歸到負面，而不以較具正面意義的樂稱之。因此，屬情之樂皆是在中節的先決條件中才歸屬於樂的範疇。而這種樂，在波動程度上未必總是大幅度的明顯感受到樂，更多時候它是處在平淡但非枯槁的情感中，像空氣一樣未必特別被察覺到，卻在心安、循理而無特殊變故之下常在。而此情乃順本體之發用而有，故本體之稱為樂亦是當然。在此意義之下，陽明所提到的屬情之樂，有如閒適之樂、山水審美之樂、交遊之樂、自慊等。而在樂定義於中節的條件之下，工夫目標所追尋的，就發用層上說，自然是中節、依循良知的發用，心安之樂便也可說是等同於發用層的最高追尋，其在某些狀況中也包含了屬情之樂。而就本體來說，則工夫目標是復其本體，也就是以回復真樂本體為目標。因此，可以說，在任意、縱欲的屬情之樂排除在樂字的範疇之外時，樂的追尋幾乎等同於陽明之學的終極目標。這也是為什麼陽明會對陸原靜說，平日所論無非此意，又何須騎驢覓驢呢？

把樂放到本體來談，是陽明的特殊之處，其可能的原因是什麼呢？在此分理論內部因素與外緣（歷史）因素來談。在理論內部上，良知與致良知在其學說中居核心地位，所有事物的解釋皆以此為中心往外做連結、會通。而良知本體做為價值根源，陽明以無善無惡稱之，惡在陽明體系中，並無絕對的存在，僅是對發用層人之私意所造成的有著、過與不及等等所賦予的稱呼。如此，則凡正面的東西，凡良知正常無滯的種種發用，例如樂，因體用一源被提升到作為本體層次的指涉，乃成必然。若進一步依其理論來說，則不僅是「樂」可以如此，甚至凡是依循良知的發用，皆是可以被放到本體來論述〔註8〕。情之種種，只要中節，也都無非是天理良知之流行，「樂」只是「情」被放到本體的一個代表。之所以做為代表，可以說因為它在陽明、在宋明時是正面的用語，就好比以善稱本體，而不以惡稱之一樣。其次，樂在理論體系

〔註 8〕 例如一般作為發用層的氣即是類此，但不是陽明的習慣用法。陽明說「若見得自性明白時，氣即是性，性即是氣，原無性氣之可分也。」（《傳習錄》卷中第 150）此處性字指本體義，不是告子的生物義。

上原是情的一種，在陽明本來就強調體用一源之下，情也需要有相對的本體稱呼，而不再只是探性／情對立的稱呼，以凸顯發用層的種種與本體的非對立性及一致性。而情之中，喜樂作爲可當作正面價值的指涉，而樂可作爲喜樂一類廣泛的代稱，故在論述上賦予樂本體層次的位置，有其理論上一定程度的需要性，以與其理論體系一致。再者，陽明以人倫世界爲主的世界觀與學說，使得思想中把人生日常種種放到更加肯定的位置，在體用體系下，即是以放到作爲價值根源的本體位置，代表對它的重視與肯定。這些是理論內部的可能因素。

　　至於歷史方面的原因，我們則要再說明一下稍前所提到的「樂」與「誠」字之用在體用兩層。陽明論樂最重要的文獻〈答陸原靜書〉（《傳習錄》卷中第 166）中以誠與樂並論乃源自《孟子》（〈盡心上〉第 4 章），而宋明時期明道（1032～1085）繼之。明道認爲：

> 「萬物皆備於我矣，反身而誠，樂莫大焉」，不誠則逆於物而不順也。
> （《二程集》頁 129《河南程氏遺書》卷 11〈明道先生語一〉）

〈識仁篇〉中又說：

> 仁者，渾然與物同體。……識得此理，以誠敬存之而已，……此道與物無對，大不足以名之，天地之用皆我之用。孟子言「萬物皆備於我」，須反身而誠，乃爲大樂。若反身未誠，則猶是二物有對，以己合彼，終未有之，又安得樂？訂頑意思，乃備言此體。……蓋良知良能元不喪失，以昔日習心未除，……，此理至約，惟患不能守，既能體之而樂，亦不患不能守也。（《二程集》頁 17《河南程氏遺書》卷二上）

其中〈訂頑〉指的是張載（1020～1077）的〈西銘〉，而〈西銘〉中言「天地之塞，吾其體，天地之帥，吾其性，民吾同胞，物吾與也」（《張載集》頁 62〈正蒙乾稱篇〉），此主旨以下的論述所闡明的即是明道所謂的「備言其體」、「渾然與物同體」之仁體〔註9〕。〈識仁篇〉中，可以發現誠、樂與本體結合的約略意旨。在陽明受二程頗多影響之下，特別是明道的影響之下〔註10〕，

〔註9〕　《二程集》頁 15《河南程氏遺書》卷 2 上，明道云：「訂頑一篇，意極完備，乃仁之體也。」

〔註10〕　除了傳習錄中多有二程論題之外，又例如與陽明同時期的湛甘泉（1466～1560）認爲陽明「一宗程氏仁者渾然與天地萬物同體之指」（《全集》卷38，頁 1401，湛若水〈陽明先生墓誌銘〉）。

認為明道是陽明把樂放到本體來論述的重要啓發，是一種可以接受的推測。加上「誠」是「意」上完全不欺良知之知的順任本體自然而發，與本體有密切的關係，且「不誠」心便「不安」、「不穩當」，也難有情上之樂，樂因與誠之連結而一同放到本體，也是可以理解的。此點是就理論上的歷史源流來說。再者，若就思想史的發展潮流來說，宋代以來體用觀念的普遍，以及情、氣、人欲等等以前較偏負面的方面逐漸受到肯定，而形成一時代思想的氛圍，對於陽明把「樂」置於本體來討論，也應有一定程度的影響。

　　由思想內部與外緣的觀察，大致可以說，雖然把「樂」提到本體來論未必是必然的發展，但也是在理論上有一定程度的需要性，並且是在思想潮流發展的趨勢之中。

第四節　工　夫

　　在體用體系的架構下，要說樂是什麼，除非是說它是本體（而本體就什麼都不是，卻也可能是任何東西），不然皆是指在發用層的呈現「是什麼」，而人也只能就呈現來說它是什麼。若不是就呈現說（那就是就本體說），那它就什麼也不是，因為「是什麼」的那個「什麼」也是發用層的呈現之一。所以，基本上討論樂是什麼，就離不開討論它的呈現。「樂」和體／用兩層中的其他東西一樣，其體之呈現有在情、意念上面，也有在行為方面（言語、行為「例如：笑」等等）。而討論它的呈現，就離不開討論它的達到途徑（如果它是我們所追求之目標的話），也就是包含工夫。在這個意義下，體／用與工夫的討論是分不開的。而體／用又以本體為依歸，為終極，發用則是其呈現，而達到此發用的則是其工夫。故可以說，本體與工夫密切不可離。關於本體與工夫之緊密結合，在《傳習錄》中有一段為人所熟知的例子，即「嚴灘問答」：

> 先生起行征思田。德洪與汝中追送嚴灘。汝中舉佛家實相幻相之說，
> 先生曰「有心俱是實，無心俱是幻，無心俱是實，有心俱是幻。」
> 汝中曰「有心俱是實，無心俱是幻，是本體上說功夫，無心俱是實，
> 有心俱是幻，是功夫上說本體。」先生然其言。洪於是時尚未了達，
> 數年用功，始信本體功夫合一。（《傳習錄》卷下第 337 條）

若依對陽明思想其他部分的理解來解此條，前一句是指站在本體上的角度來看下功夫達到回復本體，若無心，也就是不立志，則無法達到，有心下功夫，

方是實功。但若從工夫實踐的實務上來說，用刻意的工夫方法下功夫想去回復本體，則有執著之心，有意必固我之心，有助長或忘之心，有私意，便都無法達到回復純然之本體，皆是虛功。無種種刻意之心，去除我執之心，才是實功。若依此理解，則此條已充分表現出陽明工夫上的核心所在，也就是針對其過不及、有著、私意等等「惡」的定義而強調的無執、體認天理、順天理良知之自然發用流行。

　　其中，工夫牽涉到體／用，而體／用以本體為依歸，本體成為工夫的目標，除了是因體用體系上的用因於體，體見於用的定義之外，也是工夫方向的一個抉擇。蓋在重視人倫世界各種呈現的合適之下，在不中節、不依循良知其實也無法得到心安穩當與快樂之下，在就效用而論任意的屬情之樂有種種不良後果之下，工夫方向的抉擇便是落到合適中節、依循良知之上，而不是一味的追求屬情之樂。

　　這樣的工夫目標，也就是致良知、致中和，是陽明成為聖人之學的工夫目標，同時也是追尋包含心安之樂、合適的屬情之樂、以及回復本體真樂的工夫目標。所謂的本體之復，其一是能達到未應物時完全沒有發用層自加的種種思慮，純然是在本體的狀態，可以說，就是歸於本體之寂，但同時也是本體之活活潑潑〔註11〕。其二是在未應物時有此未發之中，去除所有病根，而在應物時自然就一心純乎天理，發用無不中節而和，完全的依循良知，同時也就是完全的誠而無偽，有心安之樂。此兩者其實是一事，差別在有應物時與沒應物的狀態。陽明並不贊成人只耽於虛寂，停留在冥合本體的狀態，而是採取儒家的入世傾向，這是除了在思想語彙與經典上以儒家為主的外在面貌有別於佛家之外，陽明取意於佛家頗多但在精神上卻仍歸屬於儒家的原因之一。

　　既然採取入世傾向，日常生活便無時不在應物，應物時便有各種意念思慮。但在復本體之下，這些意念思慮皆是良知之發用，無一毫私意在，且發用完全中節中和，這便是良知之致、本體之復的聖人境界。要達到這樣的境

〔註11〕《傳習錄》卷下第 253：問「『逝者如斯』，是說自家心性活潑潑地否？」先生曰「然。需要時時用致良知的功夫，方才活潑潑地，方才與他川水一般，若須臾間斷，便與天地不相似，此是學問極至處，聖人也只如此。」天地在此指天地本體，是與川水般活潑潑地。此心性指本體層，本體意義上與天地相似，是活潑潑地，故陽明答是，但在發用層上，若良知未致，其發用難以純然依循天理，故說時時用致良知工夫，方才能依循天理而活潑潑地。本體之寂，是就它什麼都不是，相對於萬物生意變化而言寂，本體之活活潑潑，是就它是萬物生生之源而言，故是活潑。

界，主要要先能體認到良知天理，而後依著良知天理而力行，去除積習，去除另加在本體良知所發之外的私意，應物時時保持必有事焉的態度謹慎小心、戒慎恐懼的在他人無法聞見己所獨知的意念之細微處，除去自己之私意而順應本體良知之意，不刻意想要除「草」（《傳習錄》第101）留花去做所謂的善，去除所謂的惡，而應是保持隨時完全依順良知之知去做，便無缺失。僅僅是順應良知去做，簡易明白，不用另加複雜之思慮，純然是良知發用之思慮，自自然然的好善惡惡，這便是盡本體之性。又因為這是使心之意符合良知、順應良知而正，故也是盡心、正心，也是誠意，也便是復其本體的工夫。而在意念上的隨時謹慎，使得心裡一察知有所執著或過不及便能即刻調整過來，故由此可說即知即是行。再由反方向來看，也是因為調整過來，去掉執著與過不及的當時，才說知道執著與過不及，故也可以說，即行即是知。此即知即是行，即行即是知，也就是所謂的「知行合一」。這些工夫，都是在應物發用處用功，應物即是「意」有所在之「物」，用功即是使意念皆符合良知，也就是使意念正，也就是所謂「格物」（同時也就是「誠意」、「正心」）。在工夫細節上，則有例如避免有著於某事、避免刻意去迎送某些意念等等。不過，要先認得良知，才能由良知作為判斷。在夜間或靜坐應物較少時所發之接近良知的意念，以及所體會之本體良知，則有助於良知之認得，同時也有助於去除未具體應接事物時的雜慮。而應物發用都有相應的情、相應的意念等，故工夫無不在人情事變之上做。是否有得也是全在於自己，不在境況的患難與否上。心之安不安，也全在自己的是否順良知而行。且循理、心安、誠意、發用中節等，都是意念的符合良知，不違背良知，在一般的狀況下，也同時有七情之樂、有言行完全符合良知的滿意之樂。也同時，因心安、穩當，對於世界的審美之樂、生活中的悠閒之樂，也會產生。

此套學問總而言之從根本上去除發用層自我之私意與物欲之蔽，回復萬物一體之心體本然，故可說是拔本塞源。而此套學問，同時也可以得心安之樂，可以得屬情之樂，可以回復真樂本體，所以也是一件令人樂於從事的事。當然，與朋友切磋討論此學，亦是一件樂事。由此，可以瞭解，對於陽明而言，本體自然舒暢的發用，不受（私意）扭曲壓迫，當然是樂、會樂，道德與樂之間並不存在緊張性、對立性。甚至可以說，所謂的「德」與「樂」幾乎是等同的。且在發用層上就理論而言，樂與仁義禮智等皆是發用之一，除非樂有所不中節，行為不再被稱做仁義禮智，否則並沒有互斥的理由與互斥

的必然性。至於工夫上的戒愼恐懼，是應物而發的謹愼小心，體察於細微之處，用意在於避免發用的不中節。在良知之致、本體之復後，此戒愼恐懼是自然流行，並不加一毫刻意在。是從心所欲不逾矩，是與灑落不相衝突的。若是成爲拘拘於禮教規範下的遵守條律，那就不免「道心爲主而人心聽命，是二心也」（《傳習錄》卷上第 10），也就不免在感到束縛之下，有如陸原靜有「常存戒懼，是蓋終身之憂也，惡得樂」（《傳習錄》第 166）之惑了。

第五節　關於「樂」的幾個討論

　　在上述的思想整體之下，陽明對於樂的論述與觀念，便自然是在中和中節、致良知的脈絡與目標下，且與陽明在其學問的核心經典《大學》中強調誠意一樣，把誠意與樂做密切的連結。誠意、復本體、心安、中和中節，這幾個跨體用、異名而實等同的概念，可以說是陽明論樂的主軸。且，他把甚重視的「誠」直接指向「樂」，把符合良知的心安定義爲樂，可以說是凸顯其學說標的、學說性格與「樂」的合一。其中，心安之被定義爲樂，與陽明把樂安置到本體及陽明的致良知學有關。一方面心不安難有眞正的屬情之樂，心安在一般狀況下情上亦樂。另一方面心安是發用之符合良知，也就是順本體之發用，本體既然是眞樂，則其發用在順良知之下，也應是樂。順良知即是誠，換個稱呼來說，也是心安。誠是孟子所說的反身而誠的樂，而心安則是陽明新稱呼的樂。其思考脈絡是傾向把被更爲肯定的「樂」安置到致良知的體用體系中，而不是試圖以樂、以心安來重新詮釋仁德以達到禮教之學的合理化。這點，除了就上述致良知、誠意、復本體這一關係來看以外，從陽明性格的基本傾向也可以作爲參證。徐愛在《傳習錄》卷上的引言中說，「先生明睿天授，然和樂坦易，不事邊幅」，而其「少時豪邁不羈」（亦見《年譜》11 歲條），故雖論心性之學，雖會「端坐省言」（《年譜》18 歲條），然並非道貌岸然的拘謹之人。且陽明也反對過度的拘束〔註 12〕，甚至以狂者自稱（如

〔註 12〕　《傳習錄》卷下第 232：「門人在座，有動止甚矜持者。先生曰『人若矜持太過，終是有弊。』……『人只有許多精神，若專務在容貌上用功，則於心中照管不及者多矣。』有太直率者。先生曰『如今講此學，卻外面全不檢束，又分心與事爲二矣。』」又，《傳習錄》卷下第 257：「……『聖人之學，不是這等細縛苦楚的，不是粧做道學的模樣。』……『……曾點飄飄然不看那三子在眼，自去鼓起瑟來，何等狂態，及至言志，又不對師之問目，都是狂言，設在伊川，或斥罵起來了，聖人乃復稱許他，何等氣象，聖人教人，不是箇

《傳習錄》第 312），其對於樂之思路不在於使所謂聖學與禮教合理化由此可知。而其從心安處論樂，與孔子從心安處論仁（《論語》〈陽貨篇〉，宰我問三年之喪），若就陽明的體系來看，都是由發用層的合乎良知、順應本體而得的心安，來說本體不可見聞的樂體、仁體，二者有著異曲同工之處。若回《論語》上去看，與心不安同時產生的是「食旨不甘，聞〔音〕樂不樂」（同前，《四書章句集註》頁 181），其實正與陽明把心安作爲屬情之樂的前提是一樣的。只是陽明更進一步的直接稱心安爲樂，把心安是人所願意追尋的且是情上快樂之必要條件的這種特性，明確的以「樂」字說出，同時也可看出心安在德與樂方面同居樞紐之對於人的重要性。

　　既然提到陽明不是爲了藉樂把禮教約束合理化，接著來討論一下，那麼陽明爲何要論述樂。陽明爲何要論述樂？此問法是偏向就歷史面的已知而問。因爲如本書緒論所述，以目前的一般印象，樂在歷史上被重視的程度遠低於成聖成賢，但如果此問題就一般人生所感受到的對樂的需求而論，便會理所當然的對此問題反問他談樂有何可怪，所應質疑的反而是何以歷史上的思想家少談樂。也就是說，此兩種問法是：就歷史面的已知則自然視成聖賢爲儒家當然的追求，人不一定尋求樂，陽明爲何要論樂？就人生面的感受則會反問樂爲何不是最高追求而不被認爲應該討論？不過無論如何，「陽明爲何論樂？」仍是一個可能的或容易被想到的疑問。此問題或許可以分成個人的重視、思想潮流的影響、以及思想理論上幾方面來說。在前文的多處討論中已提到陽明的以人倫世界爲主的人生觀，他不僅延續宋代以來越漸重視情、重視生活中的各方面的趨向，且或許因爲本身和樂不拘謹的性格所致，企慕的是如曾點風乎舞雩般的帶有悠閒、自得、甚至狂放的精神與生活，所以對於樂的重視更多於只是汲汲追求於所謂聖學的道學家。其次，在思想潮流方面，自周敦頤提出孔顏所樂何事的論題之後，「樂」便成爲宋明儒者討論的一個論題，且，在例如「情」等等人世間種種逐漸受到肯定的趨向下，喜怒哀樂未發之中與發之中節中和問題也成爲一個比孔顏之樂更重要的問題，也是對南宋以下中國各方面造成重要影響的朱子，費許多力氣所鑽研的重要問題。在此之下，陽明也對此多有討論。另外，樂的需求雖是人人所不能否認的事實，但在此思潮的影響下，師友間也才會視此爲可以討論的問題而有提出的可能，並視爲值得記錄下來的論述。個人之重視與思想潮流兩部分可能

束縛他通做一般，只如狂者便從狂處成就他，狷者便從狷處成就他……。』」

的原因大致如上，但也僅止於可能，未必便一定如此，這也是就歷史材料編織歷史知識所必須注意到的問題。不過，若接受這樣的推論，則在前面兩點成立之下，在宋明儒大多或多或少討論到樂之下，陽明似乎是不論把樂安置在什麼位置，都不可避免的會談到樂，剩下的問題只是把樂安置到思想中的哪個位置。而如前所述，陽明把樂放到本體的位置並非偶然，也具有一定程度的必要性。如果陽明不特別討論樂並置之於本體，而只是如往常一般的論情，則在其強力運用體用一源、萬物一體的理論之下，在情方面的討論就可能產生困境。因為情若無一正面的詞彙放到本體與之對應，雖然最終極的來說喜怒哀樂等等固然皆可以說都是本體之發用流行，所以也都可以本體稱之，但如此之下，負面的詞彙放到本體，或是情字本身放到本體，則「惡」「欲」等等的字也可能須一致的使用。如此，若不是造成用字上的混亂〔註 13〕，就可能是造成理論上不清楚，否則，就需要調整其思想中的其他部分，以使體系、理路一致。而若陽明仍如一般只以「性」作為在本體層次上與「情」對應的概念、詞彙，則難脫性情對立的舊框框，便與思想其他部分難相融合，且對於情、對於人倫日用的重視便不易在理論體系上顯示出來，只能口頭的強調強調，而這便不是陽明了。由這點也可以知，「樂」在陽明思想中雖不像良知居於核心地位，但「討論樂」以及「放到本體來論樂」，是在一個近乎必須的地位。就評判思想某部分在該思想家整個思想中重不重要時所須考慮的幾點因素來說〔註 14〕，在陽明個人觀點上，陽明雖很少論到，但他所賦予它幾乎等同於此學之追尋目標的位置，對於它是重視的。且在生活實踐上，陽明所企慕的是有山水、閒逸、交遊、論學種種之樂的生活。在思想理論上，雖然在其體系中樂的根本性不如良知，在學問目標上次序仍低於良知，但已

〔註 13〕 例如「情」是傳統的、明確的指涉發用層的，又如仁義禮智也只有仁用到體用兩層，其他也都是放在發用層使用。若全都放到本體，全都體用混用，會造成指涉的混亂，或者，就成為不是以明確的體用原則做為論述架構了。

〔註 14〕 評判思想的某部分在該思想家整個思想中重不重要，大約至少可以分三大方面來看。1.是思想家個人對此部分的看法：例如他是否常討論？是否重視、強調？實踐上的傾向是否表現出此部分？……2.此部分在其理論體系上是否佔重要位置：例如，其基本性、根源性高不高？是否有目標或原因上的優先性？牽涉到的其他概念廣不廣？此部分的有無或改變對於其整體思想的影響如何？此部分是否形成其思想的特殊性？……3.外緣性的重要性：例如此部分對於他思想的推廣以及實踐的影響如何？此部分在思想發展史上的作用與地位如何……等等。

經是並列在價值根源的本體地位了。又雖然其直接牽涉到的其他概念不多，但因為它與陽明致良知學所強調的、甚至一度以它作為教法中心、可以說僅次於良知的「誠意」、「誠」密切的連結，且樂又是屬於「情」這種特殊的位置，使得它之被安置到本體，對整個思想體系的面貌、凸顯處、以及各概念間的相關性，有了較大的影響與改變。此外，如果陽明只是如宋明許多儒者一樣討論它，那也只是在該人思想體系下的附帶討論，但在陽明，因為對它的位置做了較大的更動，而使得它成為其思想中的特點之一。因此，不能說樂思想在陽明思想中不具重要地位。

經過這些討論之後，我們再來看既有的研究對於陽明「樂」思想的討論是如何。蒙培元認為，「王陽明把樂直接說成心之本體，即本體境界，同他的良知說合而為一，進一步闡明了審美的主體原則。良知是從總體上說，以其為實理，故叫做誠，以其為生理，故叫做仁，以其為情理，故叫做樂。分別言之有誠仁樂之分，合而言之，只是一個良知。……如同良知不同於聞見之知，亦不離聞見之知一樣，本體之樂與七情之樂，也是體用關係。本體之樂是真樂，七情之樂是其流行表現，本體之樂雖在七情中體現，但不可混而為一。由於感性之樂易流於邪僻，故必須反回到真樂，這就是美感體驗的自我超越。只有在這種超越中，淨化聲、色等感性之樂，才能達到萬物一體的境界。」（《理學範疇系統》頁 519）他又認為，「王陽明所謂本體之樂，卻不離經驗知覺，亦不離客觀對象。……樂的境界既是超越的，但又不離情感體驗、審美感受，這正是王陽明萬物一體境界說的最大特點。」（同前，頁 520、521）

陳來則把樂與知對比，認為「知本來是一個知性功能的範疇，王陽明通過改造把它規定為心之本體。樂本來是一個情感體驗的範疇，陽明也通過改造把它規定為心之本體。」（《有無之境》頁 78）並認為樂是自周敦頤以後成為儒家聖賢思想的重要規定。又認為「樂所標誌的人生的高級境界，超越了個體名利貧富窮達的束縛，把心靈提昇到與天地同流的境地，人由聞道進而在精神上與道合而為一，這樣一種經過長期修養才能實現的自由怡悅、充實活潑的心境，如果是樂的話，也是一種高級的精神境界之樂，與在人日常生活中經驗的感性快樂（原註：包括生理快樂與審美愉悅）是完全不同的。在這意義上，樂不是作為情感範疇，而是做為境界範疇被規定為心體的。……這種真樂，實際上是人心的本然狀態，求孔顏樂處，就是回復到心的本體狀態。」（同前）而對於「此心安處即是樂」，陳來認為，樂的對立面是憂畏驚

恐等，照理說應去除才是眞樂，但在實踐上，儒家遇大變故時須有正常的道德情感，例如哀哭等，則眞樂就不只是狹隘的理解爲怡悅，應引伸爲「安」，心安在此指的是循道德準則而行、循理而行的心安理得的境界，故說良知即是樂之本體。(《有無之境》頁79)

　　以上兩則算是對陽明的樂思想有長達一兩頁較爲完整的論述的，其中有些說法也未必恰切。例如蒙培元對於陽明「樂」的指涉區分仍不是很清楚，且陽明並未全面否定屬情之樂。至於把本體之樂與客觀化的審美對象牽涉在一起，似乎便與陽明思想有點距離。相對之下，陳來的解釋可以說是較爲接近陽明的，不過屬於本體層的眞樂與發用層的心安之間用「引伸」來說，以及所謂的循道德準則而行，似乎不是很妥當。除此兩則之外，朱秉義〔註15〕雖用了一章的篇幅來談樂，大半只是把文意轉換成白話。至於所見到的其他相關研究中，多半只提到幾句，不論恰切與否，都顯的有點簡略，甚至以快樂哲學爲名的著作〔註16〕，在王陽明這段居然對陽明本體之樂的思想隻句未提。從本書以上的討論中可知，關於陽明思想中並非不重要的「樂」，既有的研究無疑是不足的。

　　透過以上的討論，可以對陽明的「樂」思想有進一步的瞭解。在加入了陽明「樂」思想的瞭解下，若重新去認識陽明的思想，對於陽明思想面貌的瞭解，便不再完全是只談令人感到嚴肅的道德良知的道學家氣息，也不會是僅以作爲所謂狂禪肇始者的樣貌去理解其思想，而是可以發現，追尋人世間中節的和樂才是陽明思想的核心與學問的目標。

〔註15〕朱秉義《王陽明入聖的工夫》第六章。
〔註16〕錢憲民《快樂的哲學——中國人生哲學史》。

第六章　陽明「樂」思想歷史地位 之再衡定

　　以上各章討論了陽明思想以及其樂思想。在對其樂思想有所瞭解之後，此章由此再進一步討論並衡定其歷史上的地位與意義。

　　在陽明的論述裡，「樂」有著「本體」、「心安」及「七情之樂」三類意涵，其中「樂是心之本體」可以說是陽明「樂」思想的代表論點。陽明關於此三類意涵的討論，緊扣著致良知學，將對於「樂」的追尋，與復本體、致良知的成聖成賢之學置於相等的地位。之所以能如此，「樂」之被安置於「本體」地位，成為良知之知及任何發用層的東西之共同根源，是一項決定性的因素。「樂」之被安置於本體，除了其與良知之學結合，成為了解陽明思想不可忽視的一部份以外，「樂」這個屬於「情」而一向用於發用層的概念被搬移至本體層次的位階，應該不會是一個突然而沒有緣由的改變，其改變的可能原因是什麼？而這樣的論點，放到思想發展的歷史中來看，是否具有什麼特別的意義？

　　探究這個問題，本章所採取的路徑是，大略地考察宋明理學家對於「樂」的論述，看看陽明的觀點在這段歷史中的特殊性。在此部分的探究中，透過文獻的鋪陳可以發現，陽明這樣的論點，恰是處在中晚明到清初發用層地位更受到重視與肯定的趨勢中。發用層地位被提升轉變的現象，透過對於陽明「樂」思想的觀察，可以略見其端倪。

　　以下，即從「樂」思想史的角度以及體用地位轉變的歷史思潮這兩個部分進行討論。

第一節　陽明之論「樂」爲樂思想史中的重大轉變

　　將陽明之論「樂」放到「樂」思想史中來看時，由於陽明的討論是在宋明時期的討論脈絡下，而就目前所知，宋明以前並無明顯地將「樂」置於本體層次討論的現象，因此此處聚焦於宋明時期的討論即可。

　　宋明時期關於「樂」的討論，牽涉廣泛，在本文中所要指出的觀察有兩點：其一，從文獻的考察中可以發現，「樂」是一個宋明思想家普遍談論的論題。其二，在這些對於「樂」的普遍討論中，陽明將「樂」搬移至本體層次，是一個與眾不同的談法，在「樂」的理論位階上做了重大改變。

　　關於第一點，由考察文獻可以發現，包括邵雍、周敦頤、張載〔註1〕、二程〔註2〕、朱熹〔註3〕、陸九淵〔註4〕、曹端〔註5〕（明1376～1434）、薛瑄〔註

〔註1〕　例如「所謂天理也者，能悦諸心，能通天下之志之理也。」（《張載集》頁23〈正蒙誠明篇〉）。

〔註2〕　例如「涵養著樂處，養心便到清明高遠」、「天下之悦不可極，惟朋友講習，雖過悦無害。」（《二程集》頁84《河南程氏遺書》卷6，台北：里仁，1982）。「學至於樂則成矣，篤信好學，未知自得之爲樂，好之者，如游佗人園圃，樂之者，則己物爾。」（《二程集》頁127《河南程氏遺書》卷11〈明道先生語一〉）。「只是知循理，非是樂也，纔到樂時，便是循理爲樂，不循理不爲樂，何苦而不循理，自不須勉強也。」（《二程集》頁186《河南程氏遺書》卷18〈伊川先生語四〉）。

〔註3〕　例如「早知名教樂無窮，陋巷簞瓢也自由。」（《朱子大全》（四部備要本，台灣中華書局，1970）《文集》卷4頁二〈長溪林一鶚秀才有落髮之願示及諸賢詩卷因題其後二首〉）。「多少個中名教樂，莫談空諦莫求仙。」（《朱子大全》《文集》卷7頁七〈次韻四十叔父白鹿之作〉）。又如：「曰：『但得身心收斂，則自然和樂。』又曰：『不是別有一箇和樂，才整肅，則自和樂。』」《朱子語類》（卷34，頁861〈論語子之燕居章〉，黎靖德編，台北：文津，1986）。《朱子語類》中論「樂」篇章甚多，主題以經典中的論題爲主。

〔註4〕　例如「人皆有是心，心皆具是理，心即理也，故曰義理之悦我心，猶芻豢之悦我口。」（《陸象山全集》卷11〈書〉頁95〈與李宰〉二，台北：世界書局，1990）。

〔註5〕　例如「孔顏之樂者仁也，非是樂這仁，仁中自有其樂爾。且孔子安仁而樂在其中，顏子不違仁而不改其樂。安仁者，天然自有之仁，而樂在其中者，天然自有之樂也。不違仁者，守之之仁，而不改其樂者，守之之樂也。《語》曰「仁者不憂」，不憂非樂而何？周程朱子不直說破，欲學者自得之。」（《明儒學案》卷四十四頁1067〈諸儒學案上二〉，台北：里仁，1987）。

〔註6〕　例如「用力於詞章之學者，其心荒而勞，用力於性情之學者，其心泰然而樂。」（《薛文清公讀書錄》，卷6頁二十二〈自樂〉，台北：藝文印書館，《百部叢書集成正誼堂全書》）。

6〕（明 1389～1464）、吳與弼〔註7〕（明 1391～1469）、陳獻章〔註8〕（明 1428
～1500）、羅欽順等等陽明之前或同時期的重要思想家皆對於「樂」有所討論。
例如邵雍（自號安樂先生，北宋 1011～1077）談到「學不至於樂，不可謂之
學」〔註9〕，明道（北宋 1032～1085）著名的〈秋日偶成〉談到「閑來無事不
從容，睡覺東窗日已紅，萬物靜觀皆自得，四時佳興與人同，道通天地有形
外，思入風雲變態中，富貴不淫貧賤樂，男兒到此是豪雄」〔註10〕，而其所
提到的「昔受學於周茂叔，每令尋顏子、仲尼樂處，所樂何事」〔註11〕、「某
自再見茂叔後，吟風弄月以歸，有吾與點也之意」〔註12〕，更是往後宋明「樂」
論題中重要的討論主題。

　　陽明之前「樂」的討論如此普遍，陽明之後亦是如此。其中，以標舉「樂」
為宗旨的泰州學派最為著名，例如：

　　王艮（明 1483～1541）：人心本自樂，自將私欲縛，私欲一萌時，
　　良知還自覺，一覺便消除，人心依舊樂，樂是樂此學，學是學此樂，
　　不樂不是學，不學不是樂，樂便然後學，學便然後樂，樂是學，學
　　是樂，於戲！天下之樂，何如此學，天下之學，何如此樂。（《王心
　　齋全集》卷 4〈雜著〉頁五〈樂學歌〉）

　　顏鈞（明 1504～1596）：快活歌分快活歌，從師歸來快活多，仁義
　　禮智根心坐，睟面盎背陽春和。舉手揖讓虞唐事，百戰不用湯武戈，
　　安恬恰似無懷民，生來不帶半點塵。...（《嚴鈞集》頁 61〈快活歌〉）

　　羅近溪（明 1515～1588）：問：「如何用力，方能得心地快樂？」羅

〔註7〕　例如「山中獨行，甚樂，萬物生意盎然，時陟岡頂四望，不勝之喜，欲賦山
　　　　椒一覽詩。」（《康齋集》，卷 11〈日錄〉頁二十五《四庫全書》1251 冊頁 578，
　　　　台灣商務印書館《影印文淵閣四書全書》第 1251 冊）。又如「得後放開，雖
　　　　事涉安排，然病痛尚小，今人未得前，先放開，故流於莊、佛。又未能克己
　　　　求仁，先要求顏子之樂，所以卒至狂妄。」（《明儒學案》卷 2 頁 37〈崇仁學
　　　　案二〉）。
〔註8〕　例如「聖賢垂世立教之所寓者，書也，用而不用者，心也。心不可用，書亦
　　　　不可廢，其為之有道乎？得其道則交助，失其道則交病，願吾子之終思也。
　　　　仲尼顏子之樂，此心也，周子程子，此心也，吾子亦此心也。得其心，樂不
　　　　遠矣。」（《陳獻章集》卷 1〈記〉頁 48〈尋樂齋記〉，北京：中華，1987）。
〔註9〕　《皇極經世書》（台灣中華：1971）卷 8 下頁三十九〈觀物外篇心學第十二〉。
〔註10〕　《二程集》482《河南程氏文集》卷 3〈明道先生文三〉〈秋日偶成二首〉之二。
〔註11〕　《二程集》頁 16《河南程氏遺書》卷 2 上。
〔註12〕　《二程集》頁 59《河南程氏遺書》卷 3。

子曰「心地原只平等，故用力亦須輕省，蓋此理在人，雖是本自具足，然非形象可拘。所謂樂者，只無愁是也。若以欣喜爲樂，則必不可久，而不樂隨之矣。所謂得者，只無失是也。若以境界爲得，則必不可久，而不得隨之矣。」(《明儒學案》卷 34 頁 791〈泰州學案三〉)

問：「孔顏樂處」。羅子曰：「所謂樂者，竊意只是個快活而已。豈快活之外，復有所謂樂哉！生意活潑，了無滯礙，即是聖賢之所謂樂，卻是聖賢之所謂仁。蓋此仁字，其本源根柢於天地之大德，其脈絡分明於品彙之心元，故赤子初生，孩而弄之，則欣笑不休，乳而育之，則歡愛無盡。蓋人之出世，本由造物之生機，故人之爲生，自有天然之樂趣，故曰：『仁者人也。』此則明白開示學者以心體之眞，亦指引學者以入道之要。後世不省仁是人之胚胎，人是仁之萌蘖，生化渾融，純一無二，故只思於孔顏樂處，竭力追尋，顧卻忘于自己身中討求著落。誠知仁本不遠，方識樂不假尋。」(《明儒學案》卷 34 頁 790〈泰州學案三〉)

何心隱（明 1517～1579）：凡有所憂於學之不講者，必孔子必非汎然憂，亦必非徒然憂也，必與顏，必與曾，必與二三子，必無一事而不講其所學，必無一事而不學其所講，必相與相樂於所學所講，以相忘乎其不學不講者也。(《何心隱集》卷 1 頁 9〈原學原講〉)

泰州學派以外的則如：

劉蕺山（明末 1578～1645）：先儒每令學者尋孔顏樂處所樂何事。......近儒王心齋先生所著學樂歌（指樂學歌）則曰：....。可謂一箭雙雕，學樂公案滿盤拖出，就中良知二字是喫緊爲人處。良知之在人，本是惺惺，從本體上說，即天理之別名，良知中本無人欲，所謂人欲，亦從良知受欺後見之，其實良知原不可欺也，吾自知之，吾自致之，此之謂自謙，此是人心眞樂地。子云，飯疏食飲水，曲肱而枕之，樂亦在其中矣，正謙此良知之謂也。顏子之樂亦然。...(《劉子全書》卷 8〈語類。說〉頁一〈尋樂說〉)

顏元（清 1635～1704）：今一切抹殺，而心頭玩弄，曰：「孔顏樂處」，

曰「義理悅心」，使前後賢豪皆籠蓋於釋氏極樂世界中〔註13〕。（《顏
元集》頁237《四書正誤》卷6〈告子〉）

從這些概略的舉例，大致可以對於宋明儒論「樂」的樣貌有個印象。「樂」論題在宋明時期的受到重視與普遍討論是可以確定的。「樂」之受到重視、討論，其原因之一，是在宋儒恢復儒家心性學地位為主的職志之下，重視《論》、《孟》、《大學》、《中庸》、《易傳》，討論的論題幾乎全繞著這些經典而談。後學則除了經典之外，更加上了年代在其之前的所謂「後儒」之言的宋明各家言論作為研討的課題〔註14〕。在這樣集中而細密的討論這些經典之下，經典中亦是論題之一的「樂」論題，也成為常被討論的問題之一，使得這時期的討論，在樂思想的發展史上，成為相較於歷代而言特別受到重視的時期。而作為至聖孔子之代表經典的《論語》，首章即是「學而時習之，不亦說乎」，則在重振聖學的旗幟下，孔顏所好何學之必須被思考，以及提出之後可以被接受、被視為重要而一直被討論，便是一個相當可以作為理解此論題之形成原因的角度之一。

關於第二點，亦即理論位階的問題。固然各家論樂之細微差異與牽涉的其他各種論題多多少少會影響到「樂」在各家思想中的位置，但此處我們主要關切的是是否有比較大的理論差異，因此將不討論各家的細部差異，直接看看，相對於陽明將「樂」移至本體位階，陽明之前與之後的討狀況是如何。

在陽明之前，例如前引的邵雍、明道所論，樂並未明顯的被置於本體來討論，若再看幾個例子，例如：

張載（北宋 1020～1077）：和樂，道之端乎？和則可大，樂則可久，天地之性，久大而已矣。（《張載集》頁24〈正蒙誠明篇〉）

朱熹（南宋 1130～1200）「不如樂之者，此樂字與顏子之樂意思差異否？」較其也不爭多，但樂之者「之」字，是指物而言，是有得乎此道，從而樂之也，獨樂斯二者之樂，樂循理之樂。如顏子之樂又較深，是安其所得後與萬物為一，泰然無所窒礙，非有物可玩而樂之也。（《朱子大全》《文集》卷57頁十三〈答陳安卿第一書〉）

〔註13〕案此處顏元是站在反理學的立場，目的是批判理學，不是批判樂。顏元的話，也在某種程度上反映了孔顏樂處、義理悅心這些「樂」論題在宋明儒者中的普遍性。

〔註14〕陽明「樂是心之本體」的論述，亦是在討論孔顏樂處（《傳習錄》第166）、學而時習（《王陽明全集》卷5〈與黃勉之〉二）等等的脈絡下提出的。

陸九淵（南宋 1139～1193）：日享事實之樂，而無暇辨析於語言之間，則後日之明，自足以識言語之病。急於辨析，是學者大病。....今吾但能造次必於是，顛沛必於是，勿忘勿助長，則不亦樂乎，又何必紛紛為大小之辨也。（《陸象山全集》卷 10〈書〉頁 89〈與詹子南〉）

薛瑄（明 1389～1464）：聖人天理爛熟，自無不樂。（《薛文清公讀書錄》卷 6 頁二十二〈自樂〉）

羅欽順（明 1465～1547）：夫欲與喜怒哀樂，皆性之所有者，喜怒哀樂又何去乎？（《困知記》卷下頁 28）

這些討論中，「樂」的意涵或有不同，但也皆是位於發用層的位階，與陽明所論有大大的不同。若再看看陽明之後的討論，其中關於「樂」的討論則明顯有承陽明之學而調整到與本體連著談者。例如：

王艮：功利陷溺人心久矣，須見得自家一個真樂，直與天地萬物為一體，然後能宰萬物而主經綸，所謂樂則天，天則神，學者不見真樂，則安能超脫而聞聖人之道。仁者安處於仁而不為物所動，智者順利乎仁而不為物所陷，仁且智，君子所以隨約，樂而善道矣。（《王心齋全集》卷 2〈語錄〉頁三）

王畿（明 1498～1583）諸友....請問憤樂之義。先生曰「此是夫子終身受用之實學。知夫子之樂，則知夫子之憤，知夫子之憤，則知夫子之樂。憤是求通之義。樂者心之本體，人心本是和暢，本與天地相為流通，纔有一毫意必之私，便與天地不相似，纔有些子邪穢渣滓攪此和暢之體，便有所隔礙而不能樂。發憤只是去其隔礙，使邪穢盡滌，渣滓盡融，不為一毫私意所攪，以復其和暢之體，非有所加也。」（《王龍溪全集》卷 8 頁二十三〈憤樂說〉）

王襞（明 1510～1587）：問學何以乎？曰「樂」。再問之，則曰「樂者心之本體也，有不樂焉，非心之初也。吾求以復其初而已矣。」然則必如何而後樂乎？曰「本體未嘗不樂。今日必如何而後能是，欲有加於本體之外也。」然則遂無事於學乎？曰「何為其然也。莫非學也，而皆所以求此樂也。樂者樂此學，學者學此樂，吾先子蓋嘗言之也。」....「有所倚而後樂者，樂以人者也，一失其所倚，則歉然若不足也。無所倚而自樂者，樂以天者也。..」...「無物故樂，

有物則否矣，且樂即道，樂即心也，而曰所樂者道，所樂者心，是
床上之床也。」....然則何以曰憂道，何以曰君子有終身之憂乎？曰
「所謂憂者，非如是之膠膠役役然，以外物為戚戚者也。所憂者道
也。其憂道者，憂其不得乎學也。舜自耕稼陶漁以至為帝，無往不
樂，而吾獨否也，是故君子終身憂之也。是其憂也，乃所以為樂其
樂也。則自無庸於憂耳。」（《明儒學案》卷 23 頁 723〈泰州學案一〉
又見《新鐫東崖王先生遺集》卷上頁五十八）

這些文獻除了進一步補充第一點所談的「樂」是宋明儒學中普遍重視的問題
外，也明顯地顯示出，在「樂」這個論題上，陽明之前雖有對於「樂」的肯
定，但所論及的層次還不至於明顯推至「本體」的位階。而陽明之後的討論，
如其後學王艮、王襞、王畿等人的討論，基本上是繼承陽明的理論，與本體
連結著來討論「樂」。陽明將「樂」移到本體來討論，對「樂」做了一個理論
位階上的重大調整，可以說是樂思想史中這個重大轉變的代表人物。

第二節　體用地位轉變的歷史概貌

　　宋明是樂論題較被凸顯討論的時期，而一般比較令人注意到的是尋孔顏
樂處論題的興起。此論題由周敦頤開其端，透過二程而受到重視，蓋因「周
敦頤是理學的開創者，二程兄弟又是理學的巨擘，他們提出的這個問題自然
就受到其後學者的注意與探討，因之尋孔顏樂處就在這些學者的探討下，成
為宋代理學的一個重要論題。」〔註 15〕然而，孔顏樂處論題並不是一個單一
的現象。宋明關於樂的討論，除了孔顏樂處以外，還有喜怒哀樂發與未發及
發之中節，學與樂...等關於樂的其他討論。而與此一向被歸類到「情」之下的
「樂」被當成重要主題討論同時的，是與以前相較之下，對於情的重視度的
逐漸提高。「中國古人有主尊性賤情之說者，宋代理學家無之。朱子則主橫渠
心統性情之說，性情可分言，亦可合言。」〔註 16〕而朱子的心統性情，是承
自橫渠的對於情的承認〔註 17〕，不似唐代李翱（772～841）〈復性書〉中所持

〔註 15〕夏長樸：〈尋孔顏樂處〉，《王叔岷先生八十壽慶論文集》（台北：大安出版社，
　　　　1993），頁 407。

〔註 16〕錢穆：《朱子新學案》（台北：三民，1989）第二冊，頁 25。

〔註 17〕《張載集》（張錫琛點校，北京：中華書局，1985），頁 374《性理拾遺》：「張
　　　　子曰：心統性情者也，有形則有體，有性則有情。」

的滅情復性之論〔註 18〕。雖然邵雍（1001～1077）仍對情採否定態度，認爲
「性公而明，情偏而暗」〔註 19〕，但程子也曾說「人之有喜怒哀樂者，亦其
性之自然，今強曰必禁絕，爲得天眞，是所謂喪天眞也」〔註 20〕，這是採取
肯定其存在的態度。而自伊川開始，經李延平、朱熹而益顯的喜怒哀樂發與
未發論題，便是針對喜怒哀樂——也就是情——的發用與未發用以及發用的
合適性所做的討論。自此可以說是正式的面對「情」去討論它的合適性，而
不是一味的否定它或壓抑它。而其中的樂，則多半是處在肯定的狀態下被討
論著。

　　如果再進一步說，其實以體用架構爲基本背景的宋明儒學，其整個思潮
基本走向——雖然其中仍有與其逆向而行者——基本上是逐漸走向一個越來
越肯定發用層的大方向。從宋代情的逐漸被肯定，到明代，在陽明完全肯定
中節之情且把樂放到學問之終極追求之時，其同時期的羅欽順（1465～
1547）、王廷相（1474～1544）也把發用層的「氣」放到與「理」、「性」相當
的位置〔註 21〕。進一步有何心隱（1517～1579）的「好非欲乎？……無欲非
欲乎？……欲魚欲熊掌，欲也，...欲生欲義，欲也，……」〔註 22〕、劉宗周（1578
～1645）的「即情即性」〔註 23〕、陳確（1604～1677）的「人心本無天理，
天理正從人欲中見，人欲恰到好處，即天理也」〔註 24〕之說、王夫之（1619

〔註 18〕　〈復性書〉中篇：「情者妄也，邪也，邪與妄，則無所因矣。妄情滅息，本性
　　　　　清明，周流六虛，所以謂之能復其性也。」（《李文公集》卷二頁九，台灣商
　　　　　務印書館《影印文淵閣四庫全書》1078 冊，頁 110）

〔註 19〕　《皇極經世書》（台灣中華書局，1971）〈觀物外篇〉第十，頁十六。

〔註 20〕　《二程集》（台北：里仁，1982）頁 24《河南程氏遺書》卷 2 上。

〔註 21〕　羅欽順：「蓋通天地亘古今，無非一氣而已。氣本一也，而一動一靜，一往一
　　　　　來……千條萬緒，紛紛蝥鞬而卒不可亂，有莫知其所以然而然，是即所謂理也。
　　　　　初非別有一物，依於氣而立，附於氣以行也。」（《困知記》卷上頁 4，北京：
　　　　　中華書局，1990）。王廷相：「人具形氣而後性出」（《王廷相集》頁 851〈雅述〉
　　　　　上篇，北京：中華，1989）。此種論述與張載的「太虛無形，氣之本體」（《張
　　　　　載集》頁 7《正蒙》〈太和篇〉）、「形而後有氣質之性，善反之則天地之性存焉。」
　　　　　（《張載集》頁 23《正蒙》〈誠明篇〉）不同，張載雖然重視氣，但所論較根本
　　　　　的層面猶在太虛、性，而羅、王之論已然把氣的地位往理、性所在的位置拉
　　　　　近。

〔註 22〕　《何心隱集》（容肇祖整理，北京：中華書局，1981）卷二頁 42〈辯無欲〉。

〔註 23〕　《劉子全書》（京都：中文出版社，1981）卷 9 頁十七〈商疑十則答史子復〉。

〔註 24〕　《陳確集》（北京：中華，1979），頁 461《陳確別集》卷 5〈瞽言四無欲作聖
　　　　　辨〉。

～1692）的「終不離人而別有天，終不離欲而別有理」〔註25〕、顏元（1635
～1704）的「非氣質無以爲性，非氣質無以見性」〔註26〕，以至戴震（1724
～1777）的「好貨、好色，欲也。與百姓同之，即理也」〔註27〕、「此理欲之
辨，適成忍而殘殺之具」〔註28〕。由此，大略的可以看出發用層地位的越來
越受到重視，甚至在發用層與本體天理之平衡沒掌握好時，便出現了以人欲
爲天理（例如王學末流的疏狂）以及批駁這種以人欲爲天理（例如明末東林
派、清初儒者）的交互震盪狀況。而經世之學、重視實踐〔註29〕、以禮代理〔註
30〕等等思潮的觀察面向之一，亦可說是這種重視發用層實際生活的更具體化
呈現。「樂」論題也正是在此一發展傾向下的一個面向。樂之逐漸受到重視，
到陽明時將其置於理論上的根源本體，可以說是顚覆了傳統對於「樂」的理
解，而有了「樂」理論上的重大轉折〔註31〕。同時，也是思想史中體／用地
位關係重大而鮮明的調整。這整個發展的趨向，正符合宋儒對治佛老、肯定
世間的基本心態〔註32〕。而其之所以形成的原因，之所以如此發展，之所以
在明中晚期以後有較大的改變，除了此基本心態以外，科學、技術的進步改
善了生活環境、增加了知識傳佈，城市與商業的發展造成的社會組織與人們
心態的改變（例如娛樂、個人地位的提升、對於事物技術的依賴提高）等等，

〔註25〕　《讀四書大全說》（北京：中華，1989 二刷）卷 8，頁 519〈孟子梁惠王下〉。
〔註26〕　《顏元集》（北京：中華，1987），頁 15〈存性編〉卷 1〈性理評〉。
〔註27〕　《戴震全書》（黃山書社，1995）卷 35 第六冊，頁 541〈與段玉裁論理欲書〉。
〔註28〕　《戴震全書》頁 216《孟子字義疏證卷下》〈權〉。
〔註29〕　參考林啓屏〈乾嘉義理學的一個思考側面──論「具體實踐」的重要性〉，收
　　　　於林慶彰、張壽安主編，《乾嘉學者的義理學》上冊，中研院文哲所，2003，
　　　　頁 41～102。
〔註30〕　參考張壽安《以禮代理──凌廷堪與清中葉儒學思想之轉變》，中央研究院近
　　　　代史研究所，1994。
〔註31〕　相較於滅情復性（李翱）之類的說法，陽明將「樂」賦予本體的位階，是對
　　　　傳統觀念的顚覆。即使與對「情」有比較肯定論述的王弼比較，陽明的論點
　　　　亦與王弼有根本性的不同。王弼的「性其情」說（皇侃《論語義疏》〈陽貨篇〉
　　　　第二章注引王弼語，台灣商務叢書集成簡編本，頁 241，1966。並參考林麗眞，
　　　　〈魏晉人論情的幾種面向〉，中國文學的多層面探討國際學術會議論文，台灣
　　　　大學中文系，1996）所討論的是「以情近性」，仍是認爲「情」以「性」爲依
　　　　循的標準，但陽明是把（屬於情之）樂放到與「性」、「理」等同的位置，在
　　　　理論地位上是往更根源處提高。
〔註32〕　「宋儒之反佛教，則只以價值意義之『捨離精神』爲對象。換言之，佛教持
　　　　「否定世界」之態度，宋儒則提出『肯定世界』之態度。」（勞思光《新編中
　　　　國哲學史》三上，頁 52。台北：三民，1993）。

都是必須另外研究的可能原因。當然，思想家重要思想的提出與此之間是互相影響的。

第三節　小　結

　　在以上的討論裡，我們將陽明對於「樂」的論點放在中國「樂」思想及整個中國思想的發展史中來觀察，發現陽明之前關於「樂」的論述，大致上並未有明確置於理論上本體層次的狀況。在發用層越來越受到肯定的思想發展下，陽明承繼前人對「樂」的說法（誠、義理悅心、循理爲樂、自得、樂於學⋯等），在理論上把原屬於發用層的「樂」移到本體的位置而融於其以良知爲中心的體用體系中。配合以無善無惡原本無法論是非善惡的本體作爲價值根源，以及以人倫世界爲主的世界觀，有力的建構出一種肯定人世間之情，並尋求人世間之發用合適恰當的思想體系。此乃陽明融綜各家有所突破而成其爲大之所在，亦是其樂思想之特殊性所在。陽明將樂置於本體的位階，是歷史上關於「樂」的討論之一大轉折，打破了原本「情／性」較爲對立的討論傳統。而原本屬於發用層的樂之被改置於本體，則更進一步的具體強調了體用不二、體用一源的理論，更有力的破除「體／用」的區分，而在明清發用層之更加受到重視的思潮中，明確建立了肯定發用層、提高發用層地位的理論基礎。而且，也與之後關於體／用地位的辯論、天理／人欲的辯論有著一定程度的關係。

　　陽明思想影響之大，在樂思想方面首推以王心齋爲首的泰州學派。陽明之後的泰州學派對於「樂」的論述，基本上是在承繼陽明的理論之下，在強調本體、與本體連結的討論中來論述，並與陽明一樣強調聖人之學與樂之一致性。明人論學好說宗旨，「樂」之被高高的標舉爲學說宗旨、成爲學派特色，不僅在一向給人一種道學嚴肅氣氛的宋明思想之下會讓人另眼相看，在中國思想的發展中，它亦具有相當的特殊性。而由以泰州學派人士爲主的所謂「左派王學」所掀起的疏狂——或者說是改革解放——的思想與行徑以及明末清初對於這些所謂王學末流的批判兩者在思想史上產生的一些激盪來看，與「樂」結合的「良知」在發用層次上相關概念之過度擴張，不可避免的是其原因之一。陽明之於「樂」的地位的調整，以比喻來說，就好像把長久以來在高築的河堤內安分流動的河水，繼魏晉之後再一次的使之高漲，並成功的

使之達到幾與河堤等位而足以影響河道與河堤修築方向的程度。甚至在陽明後學中，有些已在河水暴漲的失控之下，人欲橫流而不覺非，導致其後種種的批評與指責。就在這種交互震盪中，思想家們不斷尋找著合適的解答，尋找著其中的平衡點。陽明對於「樂」的觀點及其所帶出的理論架構之調整，則是這段體用地位角力、轉變的一個明顯而關鍵的櫥窗。

　　行筆至此，本書的討論已近尾聲。在上一章我們提到評判思想家某方面思想重不重要，其評判參考點之一是它的影響如何。在此章的討論後，我們可以再補充說，從這一點上看，陽明的樂思想是頗具重要意義的。至此我們也可以得知，在宋明儒學給人嚴肅與充滿教條的刻板印象下，其實它還有肯定「情」的這一面，而且，還甚重視「樂」，並呈現在思想家親身的實踐上。如此，則跳出宋明儒學道貌岸然的刻板印象，與外化的禮儀教條束縛，對宋明儒學作其他角度的考察，似乎是還給它一個比較真實的面貌所必須的。

第七章　結　論

　　樂是一個每個人都會切身感受到的問題，在思想哲學的討論上也具有一定的地位。本書在對中國「樂」思想的發展作概略的考察後，選擇以王陽明為切入點，並以陽明為中心討論其樂思想，試圖對陽明的樂思想有進一步的瞭解，並作為考察樂思想發展的其中一塊磚石，也提供考察整個思想發展史的另一個面向。

　　在本書中，將陽明所論之「樂」的指涉區分為本體與發用兩層，本體即是本體真樂，發用層則包含心安之樂與屬情之樂。本體真樂即一即全，無所區分，發用層的心安之樂則在不同論述脈絡下亦包含了循理、盡心、誠、自得等等。而屬情之樂更為複雜，就陽明所提到的略論數端則有閒適、山水審美、交遊、講學之樂、自慊等等，而遂欲之樂不與焉。蓋遂欲雖歸屬於屬情之樂，但陽明視之為苦，不在陽明指稱的樂之範圍內，而此乃在陽明以人倫世界為主的世界觀，以及在做為價值根源的本體無法以善惡論的理解之下，配合其良知之學所建構的「樂」思想體系。在其體系中，因在排除遂欲的屬情之樂後，樂的範疇與致良知學、成為聖人之學一致，故陽明認為其學即是尋樂之學，而陽明亦樂在其中。然雖聖人之學是陽明一生之職志並力行之，但卻始終企慕歸隱、閒適、悠遊山水、講學之生活，此乃與其良知道德理想始終略優先於樂的理論體系一致。

　　陽明之把樂安置到本體，在其重視人倫世界、善惡價值根源原本無法以善惡論，以及由本體、順本體而發便不是惡（便是善），而肯定並提高發用層地位的理論體系中，具有其必要性，且在樂思想的發展上有其關鍵性轉變的

地位，並影響其後學泰州學派以樂作爲學派特色。而此轉變，是在宋明清以至今日的思想發展趨向人世間的種種——也就是發用層——逐漸受到肯定之大方向上的一個代表性里程碑。其將樂明確提高至與所謂道德幾近相等的地位，以至其後造成德／樂之間、天理／人欲之間的思想爭辯與激盪，此可以說是其重要的影響之一。

在研究方法上，本書以陽明的思想爲基礎背景來瞭解陽明之樂思想，並在其思想基礎理路符合系統內一致的前提下連結各思想概念間的關係，以便能在其零散的語錄、論述間，尋求其語言座標與語言座標之間的相關理路，而對其思想之整體以及樂思想有較完整的瞭解。

本書是有關中國「樂」思想研究的初步，是一試探性、前置性質的研究。其後可繼續補充的部分，諸如更多陽明研究資料的參照，以及美學、倫理學、心理學等與「樂」相關學說理論的參考援用，或可深化討論的內容。至於以此爲起點，後續可以研究的主題，除了各思想家的「樂」思想以外，對於思想家間，特別是思想體系特質差異很大的思想家之間的樂思想的比較，也是值得深入去探討的。此外，歷時性的主題式研究（例如禮樂與樂之關係、山水田園之樂、隱逸與安貧樂道傳統之樂、世俗之樂等等）、以材料作區分的研究（如詩詞、佛道經典等）等等，以及與其相關的情、欲問題之探討，亦是可以進一步研究的主題。對於這些問題的瞭解，不僅在學術累積上有所助益，亦有助於吾人今時對於這些問題的思考與抉擇。畢竟，就像宋明儒不斷討論先秦典籍中的種種論題一樣，某些問題是歷代以來的人都曾思索過，且歷代仍不斷持續思索的。前人的智慧必須在這樣的累積中，方能得到延續與用於使今日之美好更勝於昨日。

在本書的最後，必須強調一點陽明所不斷強調的，樂與良知需自家體會得，不是言語所能窮盡，極力窮盡言語，終亦不樂。在經過本書的討論之後，心中所得，深契於此，在此以一段與陽明良知學說、心安、講學之樂一致的孟子文獻以爲代表，並作爲本書之結尾：

> 君子有三樂，而王天下不與存焉。父母俱存，兄弟無故，一樂也。
> 仰不愧於天，俯不怍於人，二樂也。得天下英才而教育之，三樂也。
> 君子有三樂，而王天下不與存焉。（《四書章句集註》頁 354《孟子》
> 〈盡心上〉第 20 章）

主要參考文獻

一、歷代文獻

1. 十三經注疏「阮元刻本」，北京：中華書局，1991。
2. 禮記集解「孫希旦」，台北：文史哲出版社，1984。
3. 莊子集釋「清，郭慶藩」，台北：貫雅，1991。
4. 僧肇、「元」文才述，肇論、肇論新疏，台北：新文豐，1993。
5. 慧能「郭朋校釋」，壇經校釋，北京：中華，1997。
6. 李翱，李文公集，台灣商務印書館，影印文淵閣四庫全書，第 1078 冊。
7. 邵雍，皇極經世書，台灣中華書局，1971。
8. 周敦頤「陳克明點校」，周敦頤集，北京：中華，1990。
9. 張載「章錫琛點校」，張載集，北京：中華書局，1985。
10. 程頤、程顥，二程集，台北：里仁，1982。
11. 李侗，李延平先生文集，台北：藝文印書館百部叢書集成，正誼堂全書。
12. 朱熹、楊廉，伊洛淵源錄新增，台北：廣文，1995。
13. 朱熹，四書章句集註，台北：鵝湖，1984。
14. 朱熹，朱子大全「四部備要本」，台灣中華書局，1970。
15. 朱熹「黎靖德編」，朱子語類，台北：文津書局，1986。
16. 朱熹，大學或問，台灣商務印書館，影印文淵閣四庫全書，第 205 冊。
17. 朱熹、呂東萊「陳榮捷註」，近思錄詳註集評，台灣學生書局，1992。
18. 陸九淵，陸象山全集（與傳習錄合訂本），台北：世界書局，1990。
19. 薛瑄，薛文清公讀書錄，台北：藝文印書館百部叢書集成，正誼堂全書。
20. 吳與弼，康齋集，台灣商務印書館，影印文淵閣四庫全書，第 1251 冊。

21. 陳獻章，陳獻章集，北京：中華，1987。

22. 羅欽順，困知記，北京：中華，1990。

23. 王陽明、陳榮捷，王陽明傳習錄詳註集評，台北：學生，1988 修訂再版。

24. 王陽明，大學古本旁註，台北：藝文印書館百部叢書集成，函海。

25. 王陽明，大學古本旁釋，台北：藝文印書館百部叢書集成，百陵學山。

26. 王陽明，王陽明全集，上海古籍，1992。

27. 王廷相，王廷相集，北京：中華，1989。

28. 王艮，王心齋全集，台北：廣文，影印日本嘉永元年刻本，1987。

29. 王畿，王龍溪全集，台北：華文書局，道光二年刻本影印。

30. 顏鈞「黃宣民點校」，顏鈞集，中國社科，1996。

31. 王襞，新鐫東崖王先生遺集，莊嚴文化事業四庫存目叢書別集 146 冊。

32. 羅近溪，盱壇直詮，台北：廣文，1996。

33. 何心隱「容肇祖整理」，何心隱集，北京：中華書局，1981。

34. 劉宗周，劉子全書及遺編，京都：中文出版社，1981。

35. 陳確，陳確集，北京：中華，1979。

36. 黃宗羲、全祖望，宋元學案，黃宗羲全集 3～6 冊，浙江古籍，1992。

37. 黃宗羲，明儒學案，台北：里仁書局，1987。

38. 王夫之，讀四書大全說，北京：中華，1975 初版 1989 二刷。

39. 顏元，顏元集，北京：中華，1987。

40. 戴震，戴震全書，黃山書社，1995。

二、近人論著

書　籍

1. 于化民（1993），明代中晚期理學的對峙與合流，台北：文津。

2. 方立天（1994），中國古代哲學問題發展史，台北：洪葉。

3. 古清美（1990），明代理學論文集，台北：大安出版社。

4. 牟宗三（1980），王陽明致良知教，台北：中央文物供應社。

5. ———（1991），心體與性體，台北：正中，第九次印行。

6. ———（1991），中國哲學十九講，台灣學生書局，1983 初版。

7. ———（1993），從陸象山到劉蕺山，台灣學生書局，再版。

8. 朱秉義（1993），王陽明入聖的工夫，台北：幼獅，1980 初版。

9. 任繼愈（1990），中國哲學史，北京：人民出版社。

10. 李澤厚（1986），中國古代思想史論，北京：人民出版社。

11. 狄百瑞「李弘祺譯」(1983)，中國的自由傳統，台北：聯經。

12. 余書麟 (1994)，中國儒家心理思想史，台北：心裡出版社。

13. 呂思勉 (1977)，理學綱要，台北：華世，台一版。

14. 林聰舜 (1990)，明清之際儒家思想的變遷與發展，台灣學生書局。

15. 林明宜 (1997)，傳習錄中「心」字的意涵及其用法之研究，國立政治大學中國文學研究所碩士論文。

16. 林慶彰、張壽安主編 (2003)，乾嘉學者的義理學，中研院文哲所。

17. 吳經熊 (1983)，內心悅樂之泉源，台北：東大。

18. 侯外廬 (1987)，宋明理學史，北京：人民出版社。

19. ———— (1995)，中國思想通史，北京：人民出版社，第 5 次印刷。

20. 島田虔次、蔣國保譯 (1986)，朱子學與陽明學，陝西師範大學出版社。

21. 唐君毅 (1989)，中國哲學原論原性篇，台灣學生書局，全集校訂版。

22. ———— (1990)，哲學論集，台灣學生書局，全集校訂版。

23. ———— (1990)，中國哲學原論原教篇，台灣學生書局，全集校訂版。

24. ———— (1992)，中國哲學原論原道篇，台灣學生書局，全集校訂版。

25. ———— (1996)，哲學概論下，台灣學生書局，全集校訂版。

26. 秦家懿 (1997)，王陽明，台北：東大，三版。

27. 韋政通 (1992)，中國思想史，台北：水牛，十一版。

28. 容肇祖 (1982)，明代思想史，台灣開明書店，台六版。

29. 張立文 (1985)，宋明理學研究，中國人民大學出版社。

30. ———— (1990)，中國哲學範疇精粹叢書——氣，中國人民大學出版社。

31. ———— (1991)，中國哲學範疇精粹叢書——理，中國人民大學出版社。

32. ———— (1993)，中國哲學範疇精粹叢書——心，中國人民大學出版社。

33. ———— (1996)，中國哲學範疇精粹叢書——性，中國人民大學出版社。

34. ———— (1995)，中國哲學範疇發展史人道篇，人民大學出版社。

35. ———— (1996)，中國哲學範疇發展史天道篇，台北：五南。

36. 張岱年 (1989)，中國古典哲學概念範疇要論，中國社會科學出版社。

37. 張壽安 (1994)，以禮代理—凌廷堪與清中葉儒學思想之轉變，中央研究院近代史研究所。

38. 張豈之 (1993)，中國思想史，西北大學出版社。

39. ———— (1996)，中國儒學思想史，台北：水牛。

40. 陳來 (1991)，有無之境，北京：人民出版社。

41. ———— (1994)，宋明理學，台北：洪葉。

42. 陳榮捷（1984），王陽明與禪，臺灣學生書局。

43. 陳立勝（2005），王陽明「萬物一體論」──從「身～體」的立場看，台大出版中心。

44. 麥仲貴（1973），王門諸子致良知學之發展，香港中文大學。

45. 嵇文甫（1990），左派王學，台北：國文天地。

46. ───（1944），晚明思想史論，民國叢書第二編 7，上海書店影印。

47. 梁啟超（1978），王陽明知行合一之教，台灣中華書局，台三版。

48. 黃仁宇（1994），萬曆十五年，台北：食貨。

49. 黃淑齡（1995），明代心學中「光景論」的發展研究，台灣大學中國文學研究所碩士論文。

50. 黃淑齡（2004），重尋「仲尼顏子樂處，所樂何事？」──明代心學中「樂」的義涵研究，臺灣大學中國文學研究所博士論文。

51. 黃紹祖（1987），孔子之喜怒哀樂，台北：文史哲。

52. 勞思光（1993），新編中國哲學史三，台北：三民書局，七版。

53. 彭國翔（2003），良知學的展開──王龍溪與中晚明的陽明學，臺灣學生書局。

54. 馮友蘭（1991）中國哲學史新編，台北：藍燈。

55. ───（1994），中國哲學史，台灣商務，增訂台一版。

56. 曾陽晴（1992），無善無惡的理想道德主義，國立台灣大學文史叢刊。

57. 蒙培元（1989），理學範疇系統，北京：人民出版社。

58. ───（1990），理學的演變──從朱熹到王夫之戴震，台北：文津。

59. ───（1990），中國心性論，台灣學生書局。

60. 楊鑫輝（1994），中國心理學思想史，江西教育出版社。

61. 楊天石（1980），泰州學派，北京：中華。

62. 葛榮晉（1993），中國哲學範疇導論，台北：萬卷樓。

63. 溝口雄三「林右崇譯」（1994），中國前近代思想的演變，台北：國立編譯館。

64. 熊十力（1996），體用論，北京：中華書局。

65. 劉述先（1995），朱子哲學思想的發展與完成，台灣學生書局，增定三版。

66. 劉淑惠（1996），二程福德思想研究，台灣師範大學國文研究所碩士論文。

67. 鄧克銘（2010），王陽明思想觀念研究，台大出版中心。

68. 錢穆（1955），陽明學述要，台北：正中書局，1990 第 8 次印行。

69. ───（1977），宋明理學概述，台灣學生書局，1996 第 5 次印刷。

70. ───（1989），朱子新學案，台北：三民書局。

71. ───（1992），中國思想史，台灣學生書局，第 6 次印刷。

72. 錢憲民（1996），快樂的哲學──中國人生哲學史，台北：洪葉。

73. 燕國材（1996），中國心理學史，台灣東華書局。

74. 鍾彩鈞（1993），王陽明思想之進展，台北：文史哲。

75. 羅光，中國哲學思想史宋代篇（1984）、元明篇（1988 二次印刷），台灣學生書局。

76. 戴瑞坤（1988），陽明學漢學研究論集，台灣學生書局。

77. 龔鵬程（1994），晚明思潮，台北：里仁。

78. 台大哲學系主編（1990），中國人性論，台北：東大。

79. Lloyd Arthur Sciban（1994），Wang Yangming on Moral Decision，a thesis for the degree of doctor of philosophy，Graduate Department of East Asian Studies，University of Toronto。

80. Philip J.Ivanhoe（1990），Ethics in the Confucian Tradition──The Thought of Mencius and Wang Yang-ming，Atlanta：scholars press。

81. Tu,Wei-Ming （1976），Neo-Confucian Thought in Action──Wang Yang-ming's Youth（1472-1509），Los Angeles：University of California press。

82. ───（1985），Confucian Thought──selfhood as Creative Transformation，Albany：State University of New York Press。

篇　章

1. 杜維明（1973），王陽明答周道通書五封，大陸雜誌，47：2，1973.8，63～69。

2. 李春青（1996），論儒學體系中的樂範疇，中國哲學與哲學史複印報刊資料，1996.8，40～47。

3. 林麗真（1996），魏晉人論「情」的幾種面向，中國文學的多層面探討國際學術會議論文，台灣大學中國文學系。

4. 姜廣輝（1991），觀聖、賢氣象與看孔顏樂處，孔孟月刊 1991.6，29：10，21～27。

5. 夏長樸（1993），尋孔顏樂處，王叔岷先生八十壽慶論文集，台北：大安出版社。

6. 張亨（1997），論語中的一首詩，思文之際論集──儒道思想的現代詮釋，台北：允晨。

7. 島田虔次（1964），明代思想的一個基調，日本學者研究中國史論著選譯第七卷，北京中華，1993。

8. 張鐵君（1977），陽明思想與尋孔顏樂處，陽明學論文集，中華學術院編輯，台北：華岡。

9. 黃書光（1991），孔顏樂處命題探析，中國文化月刊 135，1991.1，11～19。

10. 溝口雄三（1982），明清時期的人性論，日本學者研究中國史論著選譯第七卷，北京中華，1993。

11. 蔡仁厚（1994），王陽明對心性工夫的指點——傳習錄答陸原靜第二書疏解，中華文化學報創刊號，1994.6，149～160。

12. 鍾彩鈞（1993），郭象、慧能與陽明的無善無惡說，王叔岷先生八十壽慶論文集，台北：大安出版社。

13. 鄭基良（1994），淺論快樂哲學，空大人文學報 3，1994.4，99～108。

14. 劉振維（1995），孔顏樂處辯上下，哲學與文化，22：5，1995.4，457～466，22：6，1995.5，550～557。

15. Lee,Jig-chuen.（1987），Wang Yang-ming,Chu Hsi,and the investigation of things，Philosophy East and West 37 no.1，1987.1，24～35。

三、其 他

書 籍

1. 牟宗三譯（1992），康德的道德哲學，台灣學生書局，再版三刷。

2. ───（1996），原善論，台灣學生書局，1985 初版。

3. 康德、李明輝譯（1994），道德底形上學之基礎，台北：聯經。

4. 斯賓諾莎、賀麟譯（1982），倫理學，台北：仰哲。